遺民

文革烙印了我的階級

趙久安──著

我的父親趙惠謨先生　　　　　我的母親裴亞雄女士

另一種憶苦思甜

馬悅然（著名漢學家，諾貝爾文學獎評審委員）

　　有的人，你雖然跟他們常常見面，可是他們給你的印象微不足道。也有極少的人，你一輩子只跟他們見幾次面，可是他們留給你的印象是忘不了的。我的友人George屬於此類。

　　我跟George只見過四次面。我們頭一次見面是一九四九年秋天。我那時住在成都華西後壩的一個小平房。我的房東，陳行可教授和他的夫人劉克莊，住在隔壁的一幢大洋房。George的父親跟陳行可教授是老友。陳家的最小的女兒紹祖跟George是小學同學。

　　George生在倫敦。他的父親趙惠謨是中國駐英國大使館的秘書。一九四六年趙家搬回中國去。那時George才八歲。我的亡妻寧祖（即紹祖的姐姐）告訴我George那時講的一口King's English，我清清楚楚地記得我跟George見面的時候，他的英語也非常流利，他看起來就是一個英國小gentleman。

　　我第二次跟George見面是一九七九年的四月。那時寧祖跟我回四川去探親。從一九四九年到一九七九年那三十年是中國社會最動亂的時代。中國政治的變遷給陳家和趙家帶來了不同程度的背運。寧祖的父親一九五七年扣上了右派分子的高帽子，到一九七九年四月才平反了。George的父親一九四九年十二月逃到臺灣去，將妻子和三個兒女（即George與他的姐姐和妹妹）留在

中國。一個逃到臺灣去的國民黨的外交官的家屬，在那三十年的可怕的命運不言而喻。

一九七九年四月的那天，寧祖、她的妹妹紹祖和我走過成都勞動人民文化宮的時候，紹祖忽然叫一聲「久安！」我們三十年前所認識的George跟那天遇見的久安好像是兩個不同的人。寧祖瞭解George非常悲慘的境遇，她立刻決定要想辦法找著他的父親。我們幾天之後回瑞典去。寧祖用了好幾個月的工夫之後，終於找著了趙惠謨先生的地址。從一九七九年的九月，寧祖當父子之間的通信中介人。從那時候起，George全家的命運一步一步地改善了。一九八〇年的四月，寧祖跟我拜訪了在臺北的趙惠謨先生。一九八三年的二月，George跟他三十四年沒有見過的父親在香港見面。

我第三次跟George見面是一九九一年的四月，在他沙田很幸福的家裡。

我最近一次跟George見面是二〇〇五年四月二十五日。那時George與他妻子和兒女到瑞典來上寧祖的墳。八歲時頭一次跟寧祖見面的George，六十年後在寧祖的墳前叩頭。

中國共產黨在五〇年代和六〇年代常常叫人民憶苦思甜。經歷了中華人民共和國頭三十年的人也該讓他們的兒女和孫兒女瞭解那個時代可怕的苦難。

我相信這是George寫這本書的重要目的。我也希望很多年輕的人有機會閱讀這本非常動人的自傳。

目次

童年時期

一九三九年英國倫敦，我滿週歲。

一九四六年英國，我與姐妹合照。

　　每天都有成千上萬的嬰兒來到這個充滿變數的大千世界，他們未來的命運也會各不相同。一九三八年初春，一個濃霧彌漫的早晨，在英國倫敦King George's Royal Hospital（英王喬治皇家醫院），一個男嬰呱呱墮地。到下午這新生的嬰兒已安祥幸福地躺在他母親的懷抱裡，享受著那衝破彌霧，透過寬闊窗戶照射進來的溫暖陽光。這個嬰孩不是英國人，而是一位中國外交官的兒子。這個中國家庭的喜悅氣氛很快以電報傳到了萬里之遙的中國四川鵑城[1]。一位老太太的家裡，她就是我的婆婆。因我們是久字

---

[1]　郫縣又名鵑城。

輩，婆婆給我取名久安，希望她這個寶貝孫子永久平安。這嬰孩的命運又會是怎麼樣呢？那早晨的大霧是否預示著什麼？在濃彌的大霧裡會使人看不清前面的方向，感到彷徨甚至於使人窒息，而當太陽出來時又會讓人感到溫暖，重獲生氣，充滿希望。

　　George，這是我出生後所取的英文名字，同學們、老師們，都這麼稱呼我。我出生第二年第二次世界大戰正式開始，因德國飛機每天來轟炸，一九四一年我們全家由倫敦遷到郊外一個叫Moor Park的地方，和時任中華民國駐英領事的何思可伯伯一家一起住。這是一棟兩層樓的洋房還有一個大的花園，裡面種了很多樹，何伯伯，何伯母都是四川人，他們有兩個孩子，我母親和何伯母常帶我們幾個小孩在花園裡盪鞦韆玩耍。記得一個大風雨的晚上，我們家來了不速之客，早晨父親下樓發現有很長的腳印在客廳的地毯上，是兩個人的腳印，他們只把父親和何伯伯的書房裡的書桌抽屜和櫃子抄翻了，然後在櫥櫃裡拿了一瓶花生米坐在客廳沙發上吃了才離去。英國警方派人來調查也沒什麼結果，估計是間諜來偷文件，但我父親和何伯伯從不會把文件帶回家。一九四四年冬我們又遷到離倫敦更遠的一個小城St. Albans去住。父親每天早晨乘火車去倫敦Portland Place四十九號中華民國駐英國大使館上班，他在大使館任秘書。而媽媽就帶著我和我稱她阿姐的姐姐Mary，稱她久倫的妹妹Amy，去一個叫Loreto College的天主教學堂上學。當時學校裡只有我們三個中國人，因我們年紀還小，中國和英、美、法等國都屬反法西斯陣營，在學校並未感到有種族歧視。記得有一位德國同學的遭遇就不那麼好，只好退學。在父親一九八二年三月十五日給我們的信中說：「你說兒時

的往事，達[2]將來會詳細告知，特別要瓊嫲知道，你在英國進小學時，達鼓勵你，凡英國同學對中國發言不敬時，要據理力爭，必要時不惜與英國同學動手打架。」那時的中國，國力很弱被列強欺凌，在國外的外交官也會受到歧視，更不要說一般在國外的中國人。在學校裡有時也會和同學打架，但我總是自衛。我的父親經常教導我怎樣做人。他要我牢記三句話First be honest；Second be kind；Third be brave。即第一要誠實，第二要仁慈，第三要勇敢。達達，媽媽在家裡常要求我們說中文，我和阿姐都可用說得不太流利的中文交談。有時阿姐站在窗前望著月亮背誦唐詩「床前明月光，疑是地上霜。舉頭望明月，低頭思故鄉。」我也喜歡背誦達達教的唐詩〈哥舒歌〉，「北斗七星高，哥舒夜帶刀，至今窺牧馬，不敢過臨洮。」父親還教我怎樣在夜間的天空裡找北斗星以確認方向。媽媽做的一手好的中國菜，我最喜歡吃媽媽做的宮保雞丁和紅燒肉。但我們每天早晨是喝牛奶吃麥片、雞蛋，中飯在學校以馬鈴薯為主食，另有蔬菜和一點肉。放學回家吃麵或麵包，晚上七點半就要上床睡覺。媽媽要等到達達很晚下班回家才一起吃中國餐。有時我和阿姐沒睡著，中國菜的香味飄進了我們樓上的臥室裡，我們就悄悄走出臥室站在樓上欄杆旁看著達達、媽媽一邊吃一邊說話，我們真想他們叫我們下樓去嚐嚐好吃的菜，但往往一被發現，就會被叫回去睡覺。阿姐比我聰明，有時她見我睡著了，就直接跑下樓去，大概因為她年齡比我大又是女孩子，達達媽媽就讓她一起吃，第二天早晨阿姐就會對我炫耀。記得我們在St. Albans時，星期天常有客人到我們家，有

---

2   我們祖籍是陝西省渭南縣紅豆樹趙家村。陝西人通常稱父親為達達。

中國留學生，他們都喜歡吃我媽媽做的中國飯菜。那時因為是戰時，物資非常緊缺，很多東西都要coupon，即票證，雞蛋，日用品都是定量。因父親是外交官所以待遇要好些。那時在英國最受人民愛戴的人物裡有英國王后伊莉莎白，由於她拒絕帶著她的兩位公主離開英國去加拿大避難，堅持全家留在倫敦，和自己的丈夫英王喬治及全國人民一起抗擊德國侵略軍，並去慰問剛被德國飛機轟炸後的民眾，使人民深深感動。有一次英國的公主去一個大商場購物因coupon不夠，一樣買不成東西，她就是現在的英女王伊莉莎白二世。

在英國時的朋友

　　在英國和我最熟的是一位叫黃炳的年輕人，他是當時中華民國駐英大使館的武官，我們稱他Major（陸軍少校）黃，黃大哥，他也是四川人。他第一次到我們家來做客，一見到我媽媽就覺得好面熟，後來聊起來才知道他原來是我媽媽年輕時在成都「省立北城小學」教書時的學生。以後他就一直稱呼我母親為老師，這樣我們的關係就更加密切。父親母親稱他「乾夫」，他每次到我們家來總是開著一輛黑色的小轎車。一來，我和阿姐就會要他帶我們乘車去兜風，他給我的印象是一位年輕英俊的武官。還有一位年輕漂亮的女士京祖大姐也常來家玩，她是我父母的老朋友陳行可伯伯的大女兒。京祖大姐因受到父母的寵愛，從小就很任性，有一次我媽媽請黃大哥開車接大姐來我們家玩，大姐和黃大哥都已很熟。黃大哥笑著告訴我母親說，他去接大姐時，大姐說她的皮鞋上有泥土，非要黃大哥幫她擦乾淨才肯來我們家玩，我們年輕英俊的武官為了完成老師交給的任務，只好替大小姐把皮鞋擦得亮亮的，媽媽聽了直笑。有時在週末，我們也會到阿姐的乾爹乾媽家去玩。他們姓熊，所以我們稱他們熊乾爹、乾媽，他們住在Oxford（牛津）。乾爹名叫熊式一，他是一位戲劇家和教育家，住在一個叫Ifly Turn House的大宅院。記得花園好大，有好多果樹。他們還養了很多雞，常常會有許多新鮮雞蛋，在二戰時那是要用coupon買的寶貝。有一次熊乾媽讓我們跟

她去拾蛋，我們跟著去到花園一棵大樹下只見遍地落葉，哪有雞蛋的影，結果把樹葉一刨開，就看到了大大小小的雞蛋，熊乾媽總是讓我們帶些回家，讓我們小孩開心得很。在那裡我也第一次看見了殺雞，只見一個工人捉到一隻雞，然後俐落的用手將雞頸一扭，只見雞稍作掙扎，就一動不動了。還有一次在牛津觀賞由熊乾爹導演的中國戲曲「王寶釧」，好像是在露天演出，劇名是我母親告訴我的，劇中的所有演員都是英國人，由洋人講英語演中國大戲。我母親看得非常投入，當看到一個洋人拿著馬鞭在臺上邊跑邊喊「horse come, horse come」（馬來了，馬來了），笑到我母親肚子都痛了。一天我們跑到他們家的閣樓上去玩，閣樓上住著一個留有大鬍子的猶太人克盧薩客先生，一聽到這名字我就說：「What a funny name!」（好滑稽的名字），他聽見後，故作生氣的樣子大聲問「Who said it?」（誰說的），我們幾個小孩聽到他的說話聲，嚇得三步當兩步跑下樓去。熊乾媽熊乾爹有四個孩子，一個姐姐叫德蘭，兩個哥哥德威和德倪還有一個妹妹，聽說他們都回中國了。平時，我母親就愛和熊乾媽，何伯母打電話聊天。我們還有兩位英國朋友，Miss Wright、我和久倫、阿姐稱她Auntie Emily，她丈夫於一戰時戰死，她有一個表姐Miss White和她住在一起，我們都跟著叫她Cousin（表姐）。她們都是單身，住在一起相依為命。她們在倫敦時就是我們的鄰居和好朋友，在何伯伯，伯母的住處，和遷到St. Albans時，她倆都是我們家的常客，她們很喜歡吃媽媽做的中國飯菜，她們也學了一些中國話，她們都叫我弟弟，她們有一輛小轎車可坐四個人，有時媽媽就和她們一起乘車去買東西。

一九四四年英國牛津熊乾爹家。

二戰期間一二事

　　我們住的地方離倫敦較遠，也相對安全，但也要燈火管制，窗上都掛有黑色窗簾，晚上如果有燈光透出窗外，馬上就會有值班的人來敲門要你注意把窗簾拉嚴。為了預防德國施放毒氣，我們每人都發有防毒面具，大人的是黑色的，小孩的是橘色的，我們從來未正式使用過，只是戴著好玩。有時很晚，父親還未下班回家，這時媽媽就站到門外焦慮地等著我父親回來。是啊，如果我父親出了意外，一家大小可怎麼辦。

　　雖然是戰爭期間，大使館還是會舉辦一些party，一次父親帶我們全家去大使館參加新年party。父親把我帶到大使館三樓的一間小房裡去，房間牆壁中央掛有一位中年華人的照片。父親要我和他一起對照片上的人三鞠躬。父親告訴我這是國父孫中山先生，是他領導中國人民推翻了滿清王朝，建立了中華民國。父親給我講國父孫中山先生在英國倫敦蒙難的故事。

　　那是在一八九五年，孫中山先生在廣州領導的第一次反清起義失敗後，受到清政府通緝，一八九六年經香港和日本流亡到英國。他在香港學醫時的一位英國教師Dr. James Cantlie為他在倫敦找了一個旅店住下。一八九六年十月十一日早上，孫先生外出散步時，被清廷官吏設計騙入當時駐英公使館，幽禁於館中的房間，孫先生被告知將被押回北京處決。他被囚禁在館內無法與外界聯繫，情況非常危急，房門被上鎖，門外有守衛，他試著寫好

字條，將硬幣包在紙裡裹成紙團從窗子扔出去，希望有人能通知他的老師，但他所扔出去的紙團，全被看守的人收走，窗戶也被封閉。孫先生非常著急，他知道自己如被清政府押回北京，清政府就會造謠說是英國政府把他交給清政府的，這樣就給革命黨人一個錯覺，認為香港也不會是一個安全的避難之地，這會給革命黨很大打擊。最後他終於說服了一位每天都要進他房間的英國侍應，給他講明自己的生命受到威脅，清政府破壞了英國的法律，在英國非法將他綁架。這位叫Cole的侍應答應給孫先生帶一封信交給他的老師，孫先生為了不讓守衛從門鎖孔裡看見，就躺在床上給他老師寫了一封信。第二天侍應將老師的回信給了孫先生，信裡寫到，不要著急，英政府已介入此事，過幾天你將獲得自由。後因英國輿論反對，議會質詢，孫先生才於同年十月二十三日獲釋，先後共軟禁十二天，現在那小屋成了一間國父紀念室。

在St. Albans住時，「平安夜」會有大人帶著小孩子們，挨門挨戶來唱carol（聖歌），歌聲非常動聽，他們唱完後我們會送他們一點錢或小禮物。過聖誕節，家裡也有一棵小的聖誕樹，樹上吊著一些彩燈和飾物，達達穿起一件紅色睡袍扮成聖誕老人。聖誕節早晨我一早起來，就到聖誕樹下去看看聖誕老人有沒有送來我最想要的玩具坦克和大炮。我最喜歡玩的打仗遊戲就是用金屬做的各種拿槍姿勢的玩具士兵，和一些玩具飛機、坦克、反坦克炮等，在床上將被蓋、毛毯弄得亂七八糟當著山地戰場，一個人做兩軍的指揮，自言自語的玩半天，毫無疑問每次都是德國軍隊被打敗。一次黃大哥帶我們去看戰俘營，我看見一個用很高的鐵絲網牆圍著的一大片地，裡面建了一些簡易的平房，這就是戰俘們住的地方，我們去看的戰俘營是關押義大利戰俘的，看見那些

戰俘有的在打球有的在做運動，還有幾個戰俘正在和鐵絲網外的幾個年輕英國女孩聊天。看守他們的英軍也不多，聽黃大哥講這些義大利士兵打仗一點都不行，一打就馬上投降，看來他們並不想打仗。我們也看見被英軍押著的德國戰俘在清理被他們轟炸後的廢墟，整條街的房屋都被炸毀，德國戰俘的表情就不像義大利戰俘那麼輕鬆。戰爭的最後一年，德國有了新的武器，V1飛彈和V2導彈，記得當V1飛彈也就是無人駕駛飛機，飛來時要拉防空警報，它的發動機聲音很大，很遠便可聽見。有一次V1從我們頭上飛過，很多鄰居都站在街上看，大人都說只要V1從頭上飛過就無危險了，因它不像飛機可調頭回來轟炸。V2就比V1先進，它的速度比V1快多了，沒有聲音也看不見，也不拉警報。一九四五年五月七日，德國法西斯無條件投降了，當消息傳來時，全英國民眾都沉浸在狂歡之中St. Albans也不例外，人們在街上跳舞、唱歌、歡呼、放煙火，無論認識與否都相互擁抱親吻，還有幾個美國士兵把一輛吉普車舉了起來。很多家庭都有成員在前線，久無音訊，有的被俘、有的失蹤、有的……但他們都充滿希望等待親人回家團聚。經過戰爭，許多家庭都搬遷到新的住處，為了讓從前線回來的親人能找到家人，他們就在自己房子門外掛上大的橫標，寫上熱情歡迎某人回家團聚，當時的一切都是那麼的感人。那時我已經七歲，我想以後再也不用怕德國的炸彈，還有V1、V2導彈啦。我父親帶我到倫敦去看慶祝勝利的盛況，看見英國首相邱吉爾乘坐敞蓬車向人山人海的群眾揮手致意，共慶勝利。

媽媽和達達講的故事

一九三五年英國，我的父親（左三）、母親（左四），和駐英中國大使館同事合影。

我們小時侯不知聽了多少遍，媽媽講給我們聽的故事，但每次我們都喜歡聽。一九三六年一月二十日英王喬治五世去世了，他的長子太子威爾斯親王繼位，成了愛德華八世。一天父親下班回家告訴我母親說，英國還未加冕的新君主，要舉行一個盛大的party，邀請各國駐英使館的外交官和他們的夫人，一起到白金漢宮參加。我的母親聽了非常興奮，父親又說要去參加party的夫人都必須是元配夫人，否則就不能去。我的媽媽當然是元配夫人，她也一直以此自豪。當時英國國王是英國教會的最高領袖，而英國的國教不承認離婚。父親和母親按規定訂做了參加party的禮

服，父親的禮服，禮帽和一把精緻的配劍，都裝在一個漂亮的金屬箱子裡。母親的禮服是白色的，比婚紗不知美麗多少。

一個夏日的傍晚，母親穿上潔白的禮服帶上白手套，父親穿上黑色的禮服配上精緻的劍，乘車去到白金漢宮。party開始了，樂隊奏起了悅耳的音樂，愛德華八世坐在一個高高的臺上，四周是綠色的草坪，賓客們一對對從國王面前緩緩走過向他致意，媽媽一講到這裡就笑起來，說這個國王真愛美人，一有美麗的女士走過，國王就會目不轉睛地目送至看不見為止。這位國王後來成為英國一千多年來歷史上第一個「不愛江山、愛美人」的國王，也是英國有史以來六十多位君王中唯一放棄王位的人。他只在位十一個月，一九三六年十二月十日遜位。他就是有名的溫莎公爵，他愛上了兩度離婚的美籍辛普森夫人，最後為了和她結婚而放棄王位。這真是一個非常浪漫動人的愛情故事。講完這個故事，媽媽就會把她和父親穿著禮服的好多相片給我們看。

媽媽還喜歡回憶她和父親一九三五年去英國時的經歷，他們在上海登上了一艘叫「康提羅梭」的義大利豪華郵輪，我母親正懷著她的第一個孩子，我的阿姐久英。同船還有一位中國醫生也是四川人，他就是以後我稱為陳老伯的有名小兒科專家陳序賓，當時他已經是醫生，是去英國進修。一路上有他的照顧，讓懷著第一個孩子的母親和我的父親都大為放心，就這樣我的父母和陳老伯就成為好朋友。這艘船上有網球場、游泳池。他們乘船經過南中國海、印度洋、阿拉伯海、紅海通過「蘇彝士運河」進入地中海、大西洋，最後抵達英國。媽媽還說他們沿途還在新加坡、印度、埃及和義大利的威尼斯上了岸。媽媽還給我們看她和父親在那些地方照的相片，有在新加坡椰林裡，當地小孩腰間裹著一

條布，正像小猴爬在高高的椰樹上，他們是去給遊客摘椰子，有在埃及金字塔及獅身人面像前拍的相片，還有父親騎在駱駝上的相片，在義大利威尼斯水城，媽媽站在一個廣場中，頭上肩上站著好些鴿子。媽媽講著這些故事總是充滿了喜悅。這艘郵輪在二戰中被炸沉。媽媽還告訴我們，她和父親剛到倫敦時常和大使館的同事出去郊遊。在我還只有一兩歲時，雖然第二次世界大戰已開始，但德國還未來轟炸過倫敦。那時媽媽和達達也常帶著阿姐和我到離家不遠的倫敦有名的「海德公園」散步。媽媽推著我乘坐的嬰兒車，阿姐就在公園裡玩耍，我們還在公園裡照了好多相。

　　一九四〇年九月七日晚上，德國上千架飛機突然來轟炸倫敦，炸毀許多房屋，造成重大傷亡，連英國王宮也被炸了。英國空軍也去轟炸了德國首都柏林以作報復。從那天起連續五十七個夜晚達媽都要帶著我們跑警報，媽媽還告訴我說，我一聽見炸彈爆炸聲就說弟弟怕「Bang」。我小時總稱自己為弟弟，「Bang」

一九三六年英國，陳序賓醫生（右一）和我母親及久英。

是炸彈的爆炸聲。在去防空洞時，又要帶著防毒面具，怕德國施放毒氣。我的嬰兒用防毒用具是一個可以把我裝進去的黑色提包，大人還要不時打氣進去通過防毒裝置讓嬰兒呼吸。媽媽還說，當時英國政府已準備若德國登陸，就要把政府遷到北部去，幸好德國登陸英國的「海獅計畫」從未執行。當時英國的防空能力很強，有先進的雷達，有戰鬥機、高射炮和防空氣球。光一九四〇年七至十月，就擊落德機一千七百多架，擊傷六百多架，英國空軍也損失九百多架飛機，被炸死炸傷十四萬多人，可見戰鬥之慘烈。媽媽講到這段經歷時仍心有餘悸，後來德國飛機白天也來轟炸，我們就遷離倫敦。

　　達達喜歡給我講一些有關中國的故事。有中國古時的「鑿壁借光」，講的是西漢時期有一位叫匡衡的少年，因家境貧窮買不起蠟燭，他晚上要想讀書，但沒有亮光。他的鄰居家有蠟燭，匡衡就想了個辦法，悄悄把牆壁鑿了一個小孔，借隔壁人家的亮光來讀書，後來匡衡成了西漢有名的學者。我父親說人窮遇到困難，只要通過自己努力想辦法，還是會成功。他還講了一些故事，「孔融讓梨」教我一個人不能自私自利，「司馬光砸缸」教我遇到險情時要臨危不亂。父親還給我講一些打仗的故事，如岳母在岳飛背上刺「精忠報國」四個字及岳飛的抗金故事。也講了明朝的名將民族英雄戚繼光抗擊倭寇的故事，對這些打仗的故事我特別感興趣。他還告訴我，現在世界上有兩個戰場，一個是在我們這裡和德國、義大利打仗，另一個戰場在亞洲，中國正在抗擊日本鬼子的入侵，仗打得很厲害。父親說，等把德意法西斯和日本鬼子打敗後，我們就可回中國去。聽了父母親講的故事，我對這個世界有了一些瞭解，也很想去周遊世界並回中國看看。

倫敦鄉巴佬

　　一九四五年八月十五日，日本也無條件投降，中國人民經過艱苦的八年抗戰終於勝了。一九四六年父親自己請調回國。當年三月，父親因公務乘飛機先行回國。本來家屬也由國家發有飛機票費用，但因為我的父母已離開中國十多年，回國後會有許多要花錢的地方，為了節省一些錢，就決定由媽媽帶著我們三個小孩乘船回國。我們從蘇格蘭的Glassgow港出發，黃大哥送我們去上船。這是我第一次乘海船，對一切都感到新奇。船的名字是Blue Funnel Line，那艘船不是很大，不像我父母他們到英國時乘的大輪船。我們乘坐的船停靠在碼頭，啟航時由幾隻小船把它拖著駛進深海，才自己航行。記得船上的醫生是一位愛喝酒的英國人，臉常常通紅通紅的，有次他喝醉了還從樓梯上摔下去，戴著的眼鏡飛落地上，鏡片也打碎了，還要人扶他回到醫務室去。我想誰也不敢找他看病。在大西洋上風浪很大，我們放在艙裡地上的父親大書箱，都隨著船的晃動滑來滑去，母親則暈船不能起床。那時非常調皮的我，喜歡到處跑去玩，母親為我的安全已請船長通知全船的人，只要見到我跑上甲板就馬上把我抓進去。我試著跑上甲板去玩，外面風真大，我故意背著風往後仰，但風把人吹得倒不下去，還會把我吹得往前跑。不一會我就被大人抓回艙裡去了。一天很多人站在甲板上看一艘很大的白色船在遠處航行，大家都說是「Queen Elizabeth」（伊莉莎白號），這是英國的一艘大

海輪。經過大約兩星期的航行，我們抵達美國紐約。在我們的船離紐約不遠時就停下來拋下錨，我正感到好奇，遠遠駛來一隻掛有美國國旗的小船，靠到我們船邊，從船上出來一個穿制服的人，他沿著從我們船上放下的軟梯登上我們的船，那小船就開走了。這人到船樓上，前方的指揮室和船長站在一起，這時船又起錨向前航行。後來我才聽說上船來的人，是美國海關的引水員，每一個主權國都有這個權力。一是顯示主權，同時是保證外來船隻安全駛入港口，引水員對這一海域的情況瞭若指掌。在我們獲准上岸前，船上來了好些美國海關的醫生，給我們檢查身體並打預防針，其實我們在離開英國時已打了好些預防針。我們在紐約大概住了兩個星期，我們住在當時中華民國駐美公使李平衡伯父家，他和我父親是老朋友。

　　紐約真是一座不夜城，入夜後的霓虹燈射得我眼花繚亂，「Radio City」的自動售貨機更使我大開眼界。我們又去到當時世界最高的建築物總高四四八・七米的「帝國大廈」參觀。在倫敦時因戰事每天轟炸燈火管制，我從來沒見過五彩繽紛的夜景和這麼繁華的城市，這一切都把我給看傻了眼。李伯母開玩笑說：「倫敦鄉巴佬來了」。李伯母是一位非常熱情的人，一天她對我說：「George，你就要回中國了，不要再稱我為Auntie李，要學會用中文稱呼李伯母。」第二天早晨我見到她就很禮貌地說：「Good morning，李母伯」引起她哈哈大笑，我還不知道是怎麼回事。

　　離開紐約後，我們經巴拿馬運河到三藩市。巴拿馬運河給我的印象是非常熱，在通過運河時，看見兩岸有些黑人開著拖拉機將我們的船向前拉，一道道閘門隨水位上升打開，非常有趣。阿姐的臉被強烈的陽光曬起了水泡，就不敢再站在甲板上看。通過運河

後，一天我看見平靜的海面突然起了波浪，很快看見從水面冒出一艘船，原來是一艘潛水艇，它浮出水面後，好些個水兵跑出來曬太陽，還給我們揮手，這是我第一次見到真正的潛水艇。船在三藩市停靠，我看見美國員警押送著幾十個中國人到我們船上，他們都神情茫然地坐在船頭的甲板上。聽說是被驅逐出境的非法勞工。離開三藩市，我們在太平洋上航行，有時海浪不那麼大，我母親也可到甲板上走走，同我們一起欣賞海洋晚霞的景色。一路很少看見其它船隻，偶爾見到一艘船，就要相互鳴笛，大概是相互問候吧。有時幾天什麼也看不見，只見，天連海，海連天。不時有幾條飛魚誤飛到船上來，我們又把它們扔回海裡去。我們路經日本時雖然沒有停靠，但看到了美麗的富士山，也第一次看見黃包車，一位車夫拉著一位穿著和服的日本婦女在岸上行走。我感到很新奇，問媽媽那是什麼，媽媽告訴我說，這叫黃包車，在中國很多，回國就可以去坐。一天船忽然停了下來，原來前面海中發現了一枚水雷，船隻必須繞行。後來聽船員講，即使船碰上了那顆水雷，船也不會沉，因那水雷威力不夠大。船長說如果有槍，可將水雷引爆。後來我們的船放下一個浮標警告其它路經船舶要小心水雷。我們還看到兩艘滿載著日本兵的船，他們是戰俘，被中國軍人押送回日本。我們船上很多人憤怒的指著他們罵，還有人用空酒瓶扔向他們但都掉在海裡。這些日本戰俘有的低著頭，面無表情，有的在說笑，還有一個正吹著口琴。他們是這場罪惡戰爭的幫兇，也是受害者，更是能活著回去同親人團聚的倖存者。在船的上方高處有國軍戰士拿著機槍警惕的監視著。

回到祖國

一九三一年冬北平天安門，我的母親。

　　在我幼小的腦海裡，中國是一個神秘的地方，父親告訴我們，中國是一個有幾千年歷史的文明古國，地大人多，物產豐富。我頭腦裡所想像的中國，是我曾經看過的一本中國畫家蔣彝送我，他畫的名為《大鼻子》的畫冊，講一條水牛的故事。裡面有好多描繪中國農村的景色，有一個放牛娃騎在牛背上放牛，還有他居住的茅草屋，和周圍幽靜安祥的田園風光。媽媽也給我看過一些她和父親在北平天安門廣場照的宏偉古老建築，這些都是我在英國和紐約沒見過的。當我要離別學校的時侯，老師和同學還給我開了一個歡送會。同學們和老師給我一起合影，送我紀念品。有一位和我很要好，名為瑪格麗特的小女生還送我一張她的

照片，並要我回到中國後給她寫信和寄照片，告訴她中國是什麼樣。回到南京後我們還通過幾次信，一九四九年後就再沒有聯繫。

經過長時間的旅途後，上海的海岸線終於出現在我們眼前，我感到非常興奮，我回中國啦！船駛入上海吳淞口，父親已在岸邊等我們。上海給我的第一個印象是碼頭上顯得亂糟糟的，有許多衣衫襤褸的苦力來回不停的沿著一個陡坡搬運行李和貨物，我覺得他們很可憐。我們住進外灘的一家旅館，大概因為水土不合，阿姐和我都病倒了。我得了瘧疾，又發燒又發冷，幾天後我們終於要回成都了。在回成都的前一天晚上，我看見父親顯出一種非常為難的樣子，正在告訴我母親，她的父母，也就是我的外公、外婆都先後於前幾年去世。當時戰爭還在進行，即使告訴我母親，她也無法回國，因此父親就一直將這消息瞞著我母親。但是明天我們就要回成都，父親不得不說，這無疑對媽媽有如晴天霹靂，她日夜都想念著我們的外公、外婆並已給他們買了好些禮物，準備孝敬已和她分別了十二年的雙親，眼前的一切粉碎了媽媽的夢想，只記得那晚她哭得好傷心。

老家成都

　　回老家時，我們乘坐的飛機座位是兩側對坐，我想，可能是軍用運輸機吧。機上除了我們一家人，沒有多少乘客，中途還要在重慶降落。那天重慶天氣不好，飛機在重慶上空盤旋很長時間才降下去。後來聽達達說，他非常緊張，怕飛機出事，但我一點也不知道害怕，反而感到很有趣，因這是我第一次乘飛機。和上海相比，成都是一座十分安靜的城市。街道兩旁是些不高的商鋪和住家戶，最多是兩層高，門面都是些木頭鋪板，房頂上蓋著灰黑色的瓦。街上汽車很少，沒有公共汽車，連自行車也不多，街上到處都可看到黃包車。在這裡我見到我的婆婆、姑媽、舅舅、舅媽，還有三姨媽。記得我們去看三姨媽時，她已是肺病晚期躺在床上，媽媽抱著她痛哭，她好瘦好瘦。因為怕傳染，我們小孩只准站在房門口叫了一聲三姨媽，行了一個禮就被帶走。她在我們去看她後不久就去世了。我也見到了好些表哥、表姐、表弟、表妹和其他親戚。有一位德麟表哥，他有一輛洋馬（腳踏車）在當時是很洋氣。因我在英國就學會騎車，他一到我們家來，我就要騎他的洋馬出去玩。一天家裡來了一位男青年，我以為又是一位表哥，媽媽給我介紹說他是我的侄兒，他叫我表叔，這讓我大為詫異，怎麼比我年長的人會叫我uncle（表叔）。後來只要我見到他，就叫他侄兒，因為我以為「侄兒」是他的名字。我還見到了我的乾爹蕭華清和乾媽陳覺人，乾爹在「協進中學」任校

長，我們還到一個叫商業街的地方去拜訪了陳序賓陳老伯和陳伯母，那時陳老伯辦了一個「序賓」兒童醫院。我真沒想到我們有這麼多親戚朋友。

在成都我們住在華西壩，我父母的老朋友陳行可伯伯家。華西壩的環境和城裡完全是兩種不同的格調，這裡有很多用矮柵欄圍著，帶花園的兩層樓小洋房，柵欄外的小溝裡流著清澈見底的溪水，還有小魚兒在裡遊玩。到處有綠色的草坪，整個華西壩分為前壩和後壩，前壩，是有名的華西協和大學校園。那裡有不少中西式風格結合的建築，是學校的教學樓。成都當時最大的西醫醫院──華西醫院也建在這裡，校園裡有一個鋪滿綠草的足球場。前壩還有一個鐘樓，還會發出鐘聲報時，在鐘樓附近有一個長有水草和荷花的水塘，父親還帶我去用紗布做的網捉蝌蚪。在夏日的夜晚去華西壩散步又是一番情趣，我們小孩去捉叫蛄蛄，螢火蟲非常好玩，沿路種植的梔子花散發出芬芳的香味。前後壩通過一條小的巷子相連，後壩也有一個大的草坪可以踢足球，還有一些同樣是中西結合的兩層樓建築，這是華西協中的校園。這華西壩的環境和在英國時看到的有相似之處。陳伯伯家在華西後壩中學路，一座很大的宅院，周圍有高的灰色磚牆，裡面有一個大的花園，還有果樹園裡有一座兩層樓的灰磚洋房。大宅以陳伯伯和陳伯母的名字最後一個字命名為「可莊」。陳伯伯和陳伯母都是很熱情慈祥的長者。我們住在走進大門靠右邊的一排平房裡，那邊有好幾間房屋。我最感奇怪的是家裡沒有自來水，要到園子裡的水井取水，用一根前面帶著一個鐵鉤的長竹竿將木桶放入水井，裝滿水再用竹竿提起來。大人還特別囑咐我們小孩不要去井邊玩，怕我們掉到井裡淹死。陳伯伯和陳伯母有四個兒女，

一九八一年重遊成都華西壩鐘樓。

大女兒京祖，在英國時我們就已很熟，二女兒寧祖在上中學，老三湘祖，是個兒子，我叫他毛哥哥，最小的也是個女兒叫紹祖，比我小，我叫她滿妹。我和毛哥哥最為要好，常在一起玩打彈子。我從英國帶回很多花色各異的marble（彈子）。

我們在地上挖些小洞，看誰先把彈子打到洞裡或把對方的彈子彈開，使對方無法取勝。毛哥哥「技勝一籌」，我總是輸。因剛回國，中文很差，自然毛哥哥就成了我的中文老師，而毛哥哥要學英文，我也成了他的小老師。一次我請教毛哥哥，「我媽媽稱呼陳伯母為大嫂，陳伯母稱我媽媽是大嫂，她們究竟誰大啊？」這問題可把毛哥哥給考倒了。他想了想回答說：「以後我太太叫你太太大嫂，你太太叫我太太大嫂。」我好像得到了滿意的答案。我小時候特別調皮搗蛋，常常去扯滿妹的辮子，直到去年我們去瑞典看她，住在她家裡，她還說我小時非常討厭，調皮。記得有一次玩藏貓，我發現了她祖母的壽木，就藏了進去，後來被告到我媽媽那，結果不言而喻啦。

我還在這兒過了第一次中國年——春節，我和阿姐、久倫、滿妹，帶著笑頭和尚，牽著兔兒燈在「可莊」的花園裡玩，毛哥哥就忙著放鞭炮、煙花兒。在英國從沒這麼好玩過。我的婆婆也來和我們一起住在「可莊」。她非常愛我，常叫我：「乖孫，乖孫，快過來」，我跑進她的房間，婆婆馬上從一個青花瓷罈

裡拿出米花糖給我吃。一次我看見婆婆在洗腳，看見她的小腳，感到好奇怪，就去問媽媽，為甚麼婆婆的腳那樣小，媽媽才告訴我她小時候，女孩子都要包腳把骨頭弄斷，幸好我外公思想比較開放，又最寵我媽媽，她才沒包小腳，我想包小腳一定好疼。我姑媽的大女兒方愉表姐，她在成都女師讀書，常來「可莊」我們家住，她給我的印象特別深，特別好。她常給我們講好多故事，晚上她帶著我們睡在一張大床上，講鬼故事時，我們又想聽又害怕，不敢把背對著門都往床裡面擠。不久，她和一位長得非常英俊的白祖前大哥結婚了，他們舉行的西式婚禮，我和阿姐去給他們牽紗。他們婚後不久白大哥被派到臺灣去工作，當時臺灣剛從日本人手裡收回不久，大陸派去很多人，去搞接收工作，白大哥搞電臺工作。記得表姐離開那天，我還傷心的哭了，我恨白大哥把表姐帶走了。

我的婆婆。

一九四六年成都，我的表姐方愉和祖前大哥結婚照，左前是我，右是久英。

回到成都後，我進了在華西壩的二師附小華西分校上學。因我都八歲多了就去讀三年級。有次測驗要在卷子上寫自己的名字，我一時想不起自己的姓該怎麼寫，因「趙」字的繁體對我來講還是太複雜，只好問問同桌的同學，他白了我一眼說：「瓜娃子」。的確，三年級還連自己名字都不會寫，我知道要加把勁才行。一天我父母的老朋友吳先憂和他夫人沈鉌頡來玩。因她和我母親是從小學到益州女中的同學，情同姐妹，我就稱他們為吳姨爹、吳姨媽。一次吳姨爹帶我去一個叫「清華中學」的學校，要我用英文向全校同學做演講。我一點都不緊張，英語畢竟是我的第一語言，反而猶如魚兒得水，講講我在英國一天的生活還是很容易。當時中學都學英文，但聽一個八歲多的中國小孩用流暢的英文講演，還是不多見。

來到首都南京

在成都住了不久，因父親要到中華民國外交部上任，除了妹妹久倫留在郫縣犀浦陪我婆婆外，我們又遷到了首都南京。

我們住在鼓樓的外交部宿舍。聽說這以前還是日本的領事館，到宿舍大門要走上一個比較陡的坡路，汽車可以開進去，我們就住在正對大門一棟樓房的二樓上，窗戶正對大門，從窗戶遠望可看見紫金山上的天文臺在陽光下閃閃發光，大門口有軍警站崗。我和阿姐就在「鼓樓幼稚園」的小學部讀書，學校離我們家不遠，出大門往左拐上一個坡再走下去就到了。我們學校的校長是有名的中國「幼教之父」陳鶴琴先生，我不記得見過他沒有。我們學校裡有好幾個活動教室，我的級任老師裘惠童老師是位女老師，班上同學我還記得幾個，有一男孩名叫錢志德，有位女孩名字叫陳田心，不知為什麼到現在我還記得他們的樣子。我們

一九四七年，母親帶著久英、我和張姐姐惠雯攝於鼓樓原外交部宿舍大院裡。

一九四七年南京中山陵，我的父母帶著久英和我，同李大哥、仙東（左後一）、張姐姐（右一）。

是在中國發生大變動前夕的同學，不久就各奔東西，但願他們的命運比我好。我的中文不斷的長進，不再是一個瓜娃子。一個夏日，突然烏雲密佈，頃刻之間暴雨來臨，雨很快即過了，又出起了太陽。看到這一情景我不禁脫口而出「烏雲布滿天，一定有風雨。雨後出太陽，使人心歡喜。」父母聽後都感到驚奇，忍不住地說，安兒的中文大有長進啦。

在南京我們家也有一些常來的朋友，這時黃大哥從英國調回中國在國防部任職，我姑媽的兒子，在中央政治大學讀書的方恂表哥，父親母親老朋友楊伯伯的長子，在中大學航空工程的楊大哥，父親的乾兒子李仙東大哥和他的太太張惠雯姐姐。另有一位姓熊的醫生，他是我們在英國Moor Park和我們同住的何伯母的弟弟，我們都叫他Uncle熊，他們也都常常來玩。有一次我得了黃疸病，Uncle熊來給我看病，進屋脫掉外衣，裡面穿的襯衫都破了，我母親就笑他說，當御醫還這麼不講究，他只是笑笑。我當時不知道什麼是御醫，後來才曉得他就是蔣介石先生的私人醫生熊丸先生。之後他到了臺灣同我父親時有往來。在南京時我們這一些朋友，星期天常到玄武湖，中山陵玩。我記得還有一件趣事，我的表哥德麟，就是在成都有一輛洋馬的那位，他曾經當過遠征軍。從成都來南京投考有名的「金陵大學」，金陵大學就在我們家隔鄰，出大門往下走完坡路，轉右就到了，有時我們還到金大去玩。德麟表哥住在我們家，考試期間每天早晨吃了早餐就走到學校考試，一天他回家較早，坐在椅子上看報，我母親問他怎麼今天回來這麼早，他把考試時間表拿來一看，糟了！還有一門課程忘了考，等表哥再跑到學校去時考場已不許進去，他當然沒有考上，後來回成都考上了華西大學。小時侯我最喜歡聽打仗的故

一九四七年南京中山陵，從左至右，我母親、張姐姐、
久英、李大哥、我父親、我、黃炳黃大哥。

事，就要表哥給我講他參加遠征軍去緬甸打日本鬼子的故事，
一九四三年，表哥還在讀中學，當時日本鬼子已侵佔我國大片國
土，到處燒殺姦淫無惡不作。表哥這些血氣方剛的青年，個個
義憤填膺，想要親自上前線去和日寇拼死戰鬥。一九四三年遠征
軍招兵，我表哥就和一些同學報名參軍了。那時我表哥住在我三
姨媽家裡，因他的母親我的六姨媽去世很早。三姨媽擔心我六姨
媽的獨子去有危險就不准他去，表哥說他離家時，三姨媽拖著他
的一隻衣袖，表哥乾脆把衣服脫下跑走，三姨媽只捏著他的衣服
眼巴巴的看著表哥遠去。表哥說他們在緬北大勝日軍，打死了日
軍幾萬人，但俘獲的日軍不多。他說日軍很頑強狡猾，在叢山密
林裡，鬼子藏身在高大的樹上，向遠征軍開火，表哥他們看不見
樹上的敵人，只是用槍向樹叢掃射，但不見鬼子掉下來。等了一
陣鬼子不打槍了，表哥和戰友們小心異異地爬上樹去，一看鬼子
已被打得滿身彈孔，死了，但他們都早已把自己綁牢在樹上，槍
也掛在身上，因此死了也不會掉下來。表哥還說那兒的氣候特別
熱，蚊子非常厲害，四腳蛇（蜥蜴）也很大，會咬人。一九四五
年抗日戰爭勝利後，表哥就又回到成都，在「華西協高」繼續讀

書。一九四七年暑假我們全家乘飛機回成都去看我的婆婆、姑媽、我妹妹和其他親友。我們住在成都東勝街父親的朋友江昌緒伯伯家，江伯伯時任金城銀行成都分行經理，他們住在一個很大的四合院裡，我們一家住在上房靠左邊的一套房子裡。江伯伯和江伯母都非常好客，是一對和藹可親的長輩。我和阿姐與她家的兩個女兒每天在一起玩，成了好朋友。我們還一起去祠堂街的錦屏劇院看由著名演員陳書舫和一個名王國仁的演員，演出的名為「獸功虎俠」的川劇，這是我第一次看川劇，雖然我聽不懂他們唱什麼，但看見僵屍從棺材裡站起來，給我留下了很深的印象。我們一家還到灌縣的靈岩寺玩了幾天，那兒非常涼爽。一天楊先德伯伯拿著一份報紙非常著急的來找我父親，報上登有通緝他在南京讀書的大兒子的照片，說他是共產黨。我父親只好安慰楊伯伯，說等他回南京後弄清情況再說。暑假結束了我們又要回南京，我們乘坐的飛機上的報務員，是我舅母的妹弟，他姓李我們稱他李先生。在飛行途中，李先生把我帶到駕駛艙去玩，我看見前面一左一右坐著正副兩個駕駛員，李先生給我介紹一位是中國人一位是美國人，那美國人聽說我會說英文，一邊吃東西一邊和我聊天，我想，原來開飛機一點也不緊張，李先生的位子在後面一點，他把他的耳機帶在我頭上，讓我聽音樂和一些人的說話聲。回到南京家裡，方恂表哥說他讓楊大哥在我們家和他一起住了幾天。有一天一位鄰居來我們家，一進門看見楊大哥，指著楊大哥，就問我表哥，「這位是？」，我表哥忙說是他的同學王先生。那人走後，楊大哥再也不敢留在這。不久楊大哥的一位有地位的親戚把他帶出南京城。父親把我表哥狠狠地教訓了一頓，說他做事不考慮後果，如果出了事怎麼辦。在南京時我父母和黃大哥還帶我和阿姐去一

個叫「龍門酒家」的歌廳聽唱歌，其實我對那裡供應的霜淇淋比聽歌更感興趣。一次我們鄰座有幾個男人，強把一位歌女拉到他們桌邊要她陪酒，還動手動腳，黃大哥就起身走過去請那歌女到我們這邊來，那幾個人非常不高興，但見黃大哥身材魁梧又是軍人，就不敢鬧事。我媽媽嚇得來直說：「乾夫[1]不要惹事」。

還有幾件在南京的事給我印象較深。一次學校發戰爭剩餘物資，有糖果、餅乾等食品。我看見有的餅乾上用英文寫狗餅乾，就不吃並告訴老師，老師就把它收回，讓我不要講出去。有次達達帶我上街，我們看到幾個美國兵把一些硬幣拋到地上，引得一群流浪兒打成一團去搶，幾個美國兵在那大笑，還有一個在拍照，我父親馬上走過去，用英文制止了那幾個美國兵的行為，他們立即溜走。我當時想為甚麼中國人那麼窮。想起在英國學校裡也遇到過對我不友好的人，罵中國人窮，我還很生氣。我父親還帶我去玄武湖參加他們黃埔軍校四期同學聚會。我看到好些有殘疾的中年人，他們都是為國受傷的英雄。有天晚上媽媽到一個較大的藥店去給我買「盤尼西林」藥，她在買藥時，有位穿戴不錯的中年婦女也在買藥，她正在數她手上拿的錢，她臉上帶著一種傷心失望又羨慕的神情看著媽媽付錢，她走到媽媽的身邊輕聲的說：「太太能借點錢嗎？我的兒子病得很重，醫生說非要用盤尼西林才能有救。」當時盤尼西林（青黴素），這種藥剛出來不久，價格非常昂貴。媽媽馬上就拿錢給她，沒問她的名字，也未告訴她我們的住址，那婦女含著眼淚謝謝我媽媽。媽媽回家後說，這位太太並不是窮人，那麼多窮人又該怎麼辦。

---

[1] 父母稱黃大哥為乾夫。

方愉表姐去了臺灣後很不習慣，她常給我媽媽寫信到南京，這裡有一封我母親一九四七年十一月二十九日寫給表姐的回信。

　　愉任：

　　　　來信收到很久，近日因為舅舅選舉的事過忙，每天家中客人太多，我又要招呼妹妹弟弟溫課，老是想著吾任，盼信之切但是總找不到握筆的時間。吾任現刻教書，想生活不太寂寞了。舅舅大約下週又要返蓉，恂任考上政治大學，想你們早知道了，他大約下月十日左右可以到京，以後妹妹弟弟又有表哥一塊玩玩。德麟表哥回川一月多，他已入華大文學院，要四年後才能出川了。我是很希望你們能在南京工作，若舅舅選舉成功，我們就必要留京三年。近兩月來南京生活大漲，豬肉已賣到二萬二[2]一斤，你們那裡的生活情形怎樣。恂任考入政治大學我同舅舅非常高興的，至於他怎樣來京，舅舅已代為計畫也。再談，祝吾任同祖前任愉快。弟弟最近長得很好，比初來京時胖了許多，妹妹長得很高而健康。

　　　　　　　　　　　　　　　　　　　　　　　　亞雄

　　第二年表姐因難產不幸在臺北去世，白大哥一直留在臺北。我父親去臺灣後，他是我父親在臺灣的唯一親人，他們經常來往，他續弦的妻子金表姐也對我父親非常關心，常和白大哥一起去看舅舅。

---

[2]　國民政府發行的貨幣，一九三五年至一九四八年使用。

一九九二年我、邦瓊和鼓樓幼稚園園長攝於園內。

　　一九九二年我和邦瓊去蘇杭旅遊，也去到南京，我帶邦瓊去鼓樓，看我以前住過的地方。以前的外交部宿舍現在已是一個消防隊的駐地，我們以前住的二樓的窗戶正對著大門，現在還是一樣，我和邦瓊站在遠處用錄影機把這錄下，邦瓊還給我照了一張相。我們又去找到我和阿姐上過學的「鼓樓幼稚園」，學校還在原地址，但房子有很多是以後蓋的。我們走到幼稚園門口，正好是放學時間，只聽見小朋友們的歡笑聲，看見他們活潑可愛的身影在我們周圍跑來跑去，他們不會想到站在這的這個老頭四十多年前也是這兒的學生。好多家長在那接自己的小寶寶，我們走進校門，一位女老師走過來問我們有什麼事，原來她是這兒的園長，我說明來意，是來懷舊，她非常客氣的請我們進去。當然因年代久遠，她只知道這幼稚園的創辦人是有名的幼教之父陳鶴琴先生。我說了當時老師的名字，但已無從查到。我還想去找龍門酒家，但已找不到了。我們去了中山陵，還在玄武湖裡乘船遊玩。我想起小時和達達媽媽在夏日的夜晚，乘著一位船夫撐著的小木船，去摘又脆又有清香味的蓮蓬吃。

我的乾爹

我的乾爹蕭華清先生。

　　一天，一位滿臉鬍鬚的人來到我們家。他在大門口被警衛盤問，他說他找姓裴的。剛好我母親經過，聽到講四川話，又找姓裴的，因為我母親姓裴就上前去看，原來是我的乾爹蕭華清。母親趕快過去叫親家，把乾爹接到我們在二樓的家裡。乾爹在我們家住了一段時間。有時還接送我同阿姐上學。晚上我父親下班回來，他倆就在客廳裡談話，有時大聲爭論，媽媽不得不過去干涉，請他們講話小聲點。乾爹同我父親都是窮人家出身，他們又是成都高師和北平師範大學的同窗好友。因他為人正直，我父親就要他做我乾爹。在一個雷雨交加的早晨，我父親送我乾爹到下關火車站，這也成了他們兩位好朋友的永別。後來我才知道，乾爹是共產黨員，他在成都被通緝經由重慶乘船逃到南京。我也知

道了他同我父親爭論，母親干涉他們的原因。到今天我都不能忘懷我的乾爹同我父親，這兩位同樣熱愛自己祖國，堅持自己信仰和不同政治觀點的好朋友。直到中華人民共和國成立後，我又才再次見到我的乾爹。記得那天母親帶著我到成都總府街省政府招待所，乾爹從重慶來開會住在那裡。他見到我母親的第一句話就是問，惠謨走了沒有？母親點點頭。乾爹好失望的樣子，他說：「你怎麼不把他留住，我告訴過他，可去找李濟深[1]，共產黨不會殺他的頭」。我一點也不明白他說的甚麼，但我心裡很明白我父親絕對走對了。我和邦瓊結婚後，有一次乾爹到成都開會，我們倆一起去看乾爹，乾爹對邦瓊說，「你和久安結婚，要好好生活，久安人很好，共產黨是有成分論不唯成分論。」不幸我乾爹也沒能逃過文革一劫而離世。乾爹一直是以民主同盟成員的身分出現，沒人承認他是共產黨員，他去世多年後給他開追悼會，才承認了他的共產黨員身分。一九八三年我們第一次獲准到香港和離別了三十四年的父親見面時，父親問到乾爹的情況，我說別人說乾爹不是共產黨員。父親說：「蕭華清不是共產黨？誰是？」

---

[1]　李濟深（一八八五～一九五九）黃埔軍校副校長，中國國民黨革命委員會主要創始人和領導人之一。一九四九年當選為中央人民政府副主席和政協全國委員會副主席。

遷往重慶

　　到了一九四八年下半年，「徐蚌會戰」已經開始。記得每天都看見有飛機從頭上飛過，機門都是打開的，還可看見有人站在飛機門邊。這都是去給前線將士空投物資的國軍運輸機。那時我父親已當選為立法委員，他也不時到前線勞軍。由於局勢緊張，母親帶著阿姐和我還有方恂表哥，乘登陸艇逆長江而上到重慶，同行的還有另外兩位朋友。在艇上我們睡在底艙的吊床上，我覺得特別好玩。船經過湖北境內時還被告知不要站在甲板上，免被共軍炮火擊中。

　　抵達重慶後，我們住在南岸汪山一個叫梅嶺的地方，我們租了一棟兩層樓的小別墅住下，我的方恂表哥還有同船到重慶的朋友都住在我們家。這個叫梅嶺的山坡上長滿了各種梅花樹，當花開時節，滿山清香。媽媽最喜歡蠟梅，我們常去樹上給她剪一些插在花瓶裡。聽說汪山是以一位擁有這座山的汪姓人家而命名的。汪家的大宅院就在離我們家不遠的一個低凹的地方，裡面養了幾十條兇猛異常的狗。我們的房東也養了一條狗名黃二，牠經常到山上到處玩，一次，汪家的幾十條狗來圍攻牠，黃二很聰明也很健壯，牠只受了一點輕傷，終於逃回來了。

　　離「汪山」不遠是黃山，為抗日戰爭時期重慶作為陪都時蔣先生住過的地方，我們還到那去參觀過。有時表哥也會帶我們到

重慶市裡去玩，我們去和返回都走路，當時不走路也可乘滑竿[1]，但我父親說走路，爬山對我們小孩的身體有好處。我記得從重慶市乘渡輪到南岸一個叫清水溪的小鎮，我們就開始爬山，途經一個長滿高大柏樹的陡坡，名叫張家坡。在樹林裡非常涼爽，但爬得我們氣喘，一過了張家坡就快到家了。有時表哥帶我去一個叫黃角埡的鎮去趕場、買米、買柴，每次去，表哥總會給我買一個我最喜歡吃的紅糖鍋魁。一次，我見表哥把一隻手伸到賣米的農民的圍腰下面去，那人也把一隻手放在圍腰下面，我感到好奇怪，心想他們的手在摸什麼？就忍不住把手也伸進去。表哥和那賣米的手不停的在動，後來表哥告訴我，他們在講價錢，為了不讓其他賣米的人知道成交價，所以把手藏在圍腰裡用手勢討價還價，這樣賣米的人相互之間就不會發生矛盾。我想這真是一個好辦法。

　　不久媽媽的好友吳姨媽，吳姨爹來住在我們家。吳姨爹在南林學院有好些學生也喜歡到汪山來玩，他們男男女女的年輕人，在山上扭秧歌唱「山那邊有好地方」，我和阿姐也去看熱鬧。他們又跑到我們家裡聽，山那邊的新聞廣播。來的人中有我的一位表姐和她的男朋友，後來才知道他們有的是中共地下黨員，有的是中共周邊組織的青年人。他們來我家時，父親都不在重慶。那時吳姨爹的女兒學素姐，在重慶一所醫院做護士，她休假時就來我們汪山的家玩。她和方恂表哥很談得來，他們經常一起到山上找個僻靜的地方去談心，我和阿姐常常跟蹤他們，覺得挺好玩。有次阿姐去偷看表哥寫的日記，我也在一旁看，但大部分的字我都不認識，阿姐告訴我，表哥寫了，吳姐姐像大小姐。正在這

---

[1]　竹編的單人臥轎

時表哥發現了我們在偷看他的日記，阿姐丟下日記本就飛跑，表哥不去抓她，把我抓住打屁股，但打得不重。那時我快十一歲，對外面發生或即將發生的巨變並不放在心上。這時我的婆婆去世了，父母趕回犀浦去辦理喪事。他們回成都是乘長途汽車，因路上不好走，就未帶我回去。辦完喪事，他們把妹妹接到重慶，全家人又在一起，在汪山我們三姐弟妹在附近山下一所小學上學。在重慶住了不久，表哥突然悄悄走了，後來才知道是學素姐姐送表哥上船的。表哥他與中共地下黨有聯繫，跑到南京去迎接共產黨，五〇年他在張家口不幸病逝。

一九八四年，一次我和邦瓊到重慶，我吳姨媽的孫子陪我們去到汪山，我們在梅嶺住過的那兩層樓的小別墅還在，只是顯得破舊多了。我們走到房子門口，給住在裡面的人說明來意，一位中年婦女很客氣地請我們進房裡去。我走上樓梯，看見我們全家以前住過的幾個房間，還有我和阿姐去偷看表哥日記的地方。我又想起那些在山上來扭秧歌，唱「山那邊有好地方」的年輕人，他們在這幾十年的連續不斷的政治運動中，日子過得也好不到哪去。人的大腦真奇妙，在幾秒鐘的時間裡就可以讓幾十年的往事在腦海裡重演，好像剛發生過的一樣。

撤回老家

我的表哥杜德麟和表嫂游敏。

　　一九四九年初，我們全家遷回成都，在華西壩電信路租了一棟名為「小園」的一層樓小洋房。房東姓王，他蓋有三棟相鄰的小洋房，分別叫「小園」、「琳園」和「琅園」，以他的獨生女兒名字命名。他女兒和阿姐同在華美女中上學。我也回到「華西分校」讀四年級，我還記得班主任是位姓聶的男老師。我們又常常去「可莊」陳伯伯家玩。一次去時，看見我們住過的平房裡住有兩位年輕洋人。經二姐介紹，知道他們都在華西大學學漢語。一位是英國人，一位是瑞典人。當他們聽說我在英國出生，講得一口流利英語，都喜歡同我交談。後來那位瑞典年輕人成了二姐的丈夫，他就是現在有名的瑞典漢學家馬悅然教授，以後我們都叫他馬二哥。在小園住時，我們家有一輛私包車，「私包車」同一般的公共交通工具黃包車有不同之處。私包車的車輪不是實心，而是充了氣的輪胎，坐墊也是絨布的，而最使我感興趣的是在放腳處有一個可踏的鈴，當乘車的人一踏鈴，鈴就會發出

叮噹叮噹的聲音。這是用來提示車夫加速跑快，行人讓路，也用以顯露乘車人的氣派。給我們拉車的工人姓唐，我們稱他唐師，他是一位體魄健壯的中年人，總是笑嘻嘻的。我父親很少帶我去乘「私包車」，即使要乘，也絕不准我踩踏鈴，天熱時還要我給唐師打扇。後來在五〇年代，一天媽媽同我在街上碰到唐師，他還跑過來問「趙先生有沒得消息」。我們家還請有一位姓吳的大娘，我們稱她大娘，她替我們做飯洗衣。我們也相處得很好，五〇年代初如要辭退工人，雇主是要付一筆遣散費的，但大娘知道我們經濟很困難就主動對我母親說：「我不會要你給遣散費。」後來在文革期間要她控訴我父母對她的殘酷剝削壓迫。她在控訴大會上想了想講「我和趙先生很少見面，只記得有一次吃飯，我給趙先生端飯去，他說謝謝。」主持控訴大會的人聽了，大叫，誰要你講那些的。有一次達達有幾位老朋友要來我們家吃飯，要請媽媽親自下廚。後來我在清理我父親遺物時，在一本日記裡看到我父親寫的回憶

> 改組三老友均八十五以上壽也。黃少谷[1]、谷正綱[2]，陶希聖[3]擬八九誕辰邀宴寓所。卅八年（一九四九）十二月，三兄，隨校長由渝飛蓉，曾邀宴華西壩寓所也。由亞雄妹，親手烹調。

[1] 黃少谷（一九〇一〜一九九六）國民黨中央常務委員，中央宣傳部部長。湖南省南縣人。一九二三年畢業於北平師範大學教育系。曾赴英入倫敦政治經濟學院，研究國際經濟關係。赴台後，一九七九年出任「司法院長」。

[2] 谷正綱（一九〇一〜一九九三）中華民國總統府資政。在臺北召開的世界反共聯盟大會上被推選為理事會主席，後任終身榮譽主席。

[3] 陶希聖（一八九九〜一九八八）曾任中華民國總統府國策顧問。《中央日報》董事長，中央評議委員等職。

我們住在小園時，我的表哥德麟和我表嫂游姐姐結婚，並和我們住在一起。他們的婚禮是中西合璧，新娘披婚紗，乘花車，在一餐廳舉行婚禮。我和阿姐給他們牽紗。晚上在我們家客廳裡還舉行了舞會，但在新房裡就不一樣了。他們把我叫進新房去，把放在床背後的紅漆馬桶蓋揭開，裡面放有紅包，紅蛋，大概還有糖果之類的東西，他們把這些東西拿出來，說這些都是給我的，但要我在馬桶裡撒尿。我感到好奇怪，他們都站在那看我，使我很不好意思。我要他們走開，趕快撒了尿，就把紅包，糖果等東西拿著跑了。我去問媽媽，為甚麼表哥和游姐姐要我去他們馬桶裡撒尿，媽媽笑起來說他們想要生兒子，我聽了更是莫名其妙。一九四九年十二月的一天，外面下著毛毛細雨，使人感覺濕冷濕冷的，我看見父親和母親在談話，他們的神情是我從未見過的。達達把我叫過去對我講「你要好好聽媽媽的話」又說：「你是我們家的男子漢，要學會保護這個家。」當晚母親送走了父親，而我還不明白要發生甚麼事，只感覺到這次父親出門與以往有點不一樣，但沒想到他這一走竟是我父母的生離死別，也沒想到他這一走將改變我的一生。我感到我將肩負起更多的責任，感到我長大了，因為我是家裡唯一的男子漢。後來媽媽告訴我，那晚她和達達住在商業街陳序賓陳老伯家，第二天很早達達就從商業街上的「勵志社」門口上車去機場。

接受無產階級教育

我的吳姨媽沈鈸頡和吳姨爹吳先憂。

　　父親走後，成都局勢更加混亂，聽說要打巷戰，又有傳言要炸掉離我們家不遠的電臺，搞得人心惶惶。街上到處修起了柵子，好像無人管，後來國民黨的胡宗南[1]部隊進城了，一位名盛文的軍長任成都防衛總司令。我記得在春熙路孫中山先生的銅像後面不遠，處決了幾個人在那示眾，聽說是搶商店、銀行的強盜，這樣社會治安稍好一點。十二月十四日清晨天還未亮突然槍聲四起，我們從睡夢中驚醒，只聽見子彈從房頂上嗖嗖飛過的聲音，我們都躲在桌子下，桌子上放著棉被把桌子四面圍著。第二天才聽說是胡宗南的部隊到「武侯祠」去攻打劉文輝[2]的部隊。那天

---

[1]　胡宗南（一八九六～一九六二）國民黨高級將領，陸軍一級上將，黃埔軍校一期。

[2]　劉文輝（一八九五～一九七六）四川軍閥，一九四九年起義，後任四川省政協副主席，林業部部長等職。

我們就搬進城，到布後街一個朋友家去住，直到解放軍入城才搬回家。一九四九年十二月二十五日下午城裡開始賣號外，上面寫著「成都和平解放」，三十日解放軍入成都，我的表哥德麟帶我去看解放軍入城。在順城街，我看見生龍活虎的解放軍武工隊和戰士，帶著笑容列隊前進。我當時也搞不清何為「解放」，只看見歡迎的人群。我平靜地繼續上小學，我們的小學也改名為成都市第六區五校。一九五〇年吳姨媽和吳姨爹，從重慶回到成都，他們請我們和他們一起搬到華西後壩中學路「駱園」去住，好相互有個照顧。就在這一年夏天，我們收到了我父親從臺灣輾轉寄來的一封信，是寄到楊伯伯的地址，因他開有一家西餐店「TIP TOP」，我父親想這地址較可靠。信是楊三哥給我們送來的，送信過程還有一個小插曲，三哥喜歡打藍球。他把信放在衣袋裡，打球時把信丟了還不知道，還是其他同學拾到，問是誰的信丟了，三哥才發現他帶的信不見了，他趕快拿過信，給我們送來。就這樣我們才知道我父親去了臺灣。我母親給我父親回了一封信，並剪了一束自己的頭髮放進信封裡，連信一起寄給我父親，這都是幾十年後和我父親重聚時我才知道，而信是怎麼寄到臺灣去的，我至今也不曉得。

一九五〇年快到年底，一個早晨我和妹妹一起走到院子的後門，準備走捷徑去上學。剛一打開門突然兩個解放軍拿著上了刺刀的步槍擋住出路，叫我們快進去把門關上。我們從牆縫裡偷偷看出去，外面路上不時有還穿著睡衣的人被解放軍押著走過，這就是「鎮壓反革命」運動的大逮捕。有許多在國民政府工作過的人，曾參加過國民黨軍隊的人，或被認為有歷史問題的人都被抓起來。我記得我認識的人有陳行可伯伯，有我們一個同學的

父親，他是華西大學的藍教授，還有「華西協高」一位趙姓地理老師也被捕了。那時，規定家裡不准養狗，外面街上到處是打狗隊，見狗就會將其打死，大概是因為狗叫會防礙抓反革命分子。我養有一條取名Harry的狼狗，一天它在外面被打狗隊打斷了一條腿滿身是血，好可憐地逃回來。我們請陳伯伯家的工人把它帶至鄉下，因聽說農村可以養狗。一天家裡突然來了幾個穿便衣的人，要帶我母親去問話。我母親嚇壞了，我是家裡的男子漢，就說我陪媽媽去。正好這時我父母的好朋友袁大哥來看我母親，他就陪母親去了。過了好長時間那幾個人又和母親及袁大哥一起到我們家。那幾個人把我們的收音機拿走了。後來媽媽告訴我，幸好有袁大哥陪她去，要不會把她嚇壞。那些人把她和袁大哥帶到一個沒人住的四合院裡，進了一間光線很暗的房間。裡面坐了兩個人，開始審問我的母親，問我們在犀浦我姑媽家放了些什麼東西，有一部收音機在哪去了。我們在成都非常混亂的時候，把家裡的一些較好的衣物，我父親幾十年的集郵和收音機都放到鄉下，以為這樣安全一點，後來我們把收音機又拿回成都。哪知被人告發，去我姑媽家把家抄了，我們所有存放在那裡的東西全被拿走。姑媽還看見我父親所珍藏了幾十年的名貴郵票散落在泥濘裡被人踩踏。這些到成都來找我母親的人，就是為了拿收音機，當時非常亂，不開任何收據，不出示任何證明就可以隨便把別人財物搶去。在這段時間還發生了一件事，至今想起來仍覺不安。當時整個大陸都在進行「鎮壓反革命」的大運動，逮捕和處決了不少人。我們小學生也要去參加公審會接受教育。一次我們全班同學去華西前壩，參加公審會。大家坐在草地上，草地前方搭了一個臺，公審開始「反革命」一個個被點名押出來，宣讀完罪狀

後就進行宣判。有的是有期徒刑，有的是無期徒刑，判了死刑的就會立即綁赴刑場執行處決。宣判繼續進行著，又一個「反革命」押上來，被判處了死刑，他是我一位同班同學的父親，她正和我們坐在一起，我不知道我的同學心裡想著甚麼。這是多麼的殘忍，為甚麼要她參加這個公審會，看著自己的父親……。在學校教我們唱的一首歌，歌詞是中國呀封建了幾千年，朝朝代代都是壞蛋坐江山。我心裡在想中國有幾千年的歷史，只有共產黨不是壞蛋。我們學校還組織同學到青羊宮去看公安展覽，接受階級教育。記得在展覽會上有一個男扮女裝的特務名王瓊，在坦白交代他的犯罪活動。那段時期報上要登處理「反革命」的消息，哪些判刑了，哪些處決了。當母親看見有父親的朋友，同事也在名單上的時候，就輕聲地歎息，雖然她甚麼也沒說，我想她也為我父親所做的決定而感慨吧。母親本來就不太會交際，現在就變得更加沉默。她現在就一心想著我們三姐弟妹，想著怎樣在這艱難的環境中把我們撫養成人。一天媽媽叫我去看她手裡拿著的報紙，上面寫有「反革命分子」江昌緒判處三十年有期徒刑。這不就是我們在他們家住過，待我們非常熱情的江伯伯嗎？他怎麼也是「反革命」。當時我心裡想，幸好我的父親走了，要不……，我不願想下去。

幾十年後的八〇年代我們全家都已在香港定居。一次我們去到重慶看江昌緒伯伯，他已是一位白髮蒼蒼的老人，他見到我非常高興，他已被「平反」，據說當時是弄錯了。江伯伯說他在新疆勞改幾十年還陪過兩次殺場，和被處決的人一起去殺場，槍響後只有自己未死，這是一種極殘忍的精神折磨。後來在勞改場因他日語很好，要他教那些管理幹部日語。他回來後又到「民

生公司」工作。他說能活到今天已很不容易，江伯伯真是一位非常堅強樂觀的人。後來我又和江伯伯的兒女，我童年時的朋友聯繫上了。我姑媽女婿的弟弟名叫白祖純，他是師範畢業，非常年輕，我只在白大哥和方愉表姐的婚禮上見過他一次，他給我的印象是一位非常有禮貌，文質彬彬的人。聽我姑媽說，他也在郫縣被處決，說他藏有電臺，我心裡想處決一個人真太容易了。我的表哥德麟告訴我們他的一次經歷，因他是報社記者，一次處決反革命，他隨車去採訪。一共有十來輛大卡車載著死刑犯去遊街示眾，再到刑場執行處決。走在前面的車，每輛上面押著一至兩個五花大綁，背上插著「標子」的死刑犯，「標子」上寫著死刑犯的名字，有的已嚇得站不住，要解放軍撐著才站得起，有的一點也不怕到處張望，有的口裡塞著東西不准亂說亂叫，每輛載犯人的車上站著很多解放軍。我表哥乘的最後一輛車上只有解放軍和他，突然在路邊看熱鬧的人指著我表哥大叫，看這兒還有一個沒有插「標子」的，我表哥聽到那嘶啞的叫聲，渾身毛骨悚然。

我的小學階段還算過得平靜，和同學們一起帶上了紅領巾還被選為中隊長。老師，同學和我相處都好，也沒有人對我另眼相看。我的黃大哥所在部隊「起義」了，黃大哥沒有去臺灣。他在集中學習後，回到成都開始賣小菜，這對他來講已算幸運。一天黃大哥拉著裝滿各種蔬菜的架架車，路過我們的家門，他高聲叫著，George上車啦！這熟悉的聲音彷彿又把我帶回了英國。但回到眼前，看著我面前的黃大哥，真不敢相信這是我心目中那位英俊瀟灑，文武雙全的武官了，那時他才三十出頭。

我進中學了

　　一九五一年秋我在六區五校小學畢業,考入「成都石室中學」。當時的「石室中學」不是容易考上的。報考的人多,只收兩個班,我的成績只算中等,自己也並無把握能否考上。那時可以報考幾所學校,各個學校考試時間有先有後,試題也是各學校自己出。我報考了三所學校,除「石室中學」外,還報考了「華大附中」和「華陽縣中」。「石室中學」的考場設在校內大成殿,裡面放著一行行的桌椅,兩邊留有通道。我還記得考算數,一共只有四道題,聽說是由有名的數學教師王伯宜老師出的題。考題的解法和答案就在考場外面,一考完走出去馬上就知道是否做對了。初試通過後還要複試,到放榜那天我自己還不敢去看,是有位朋友先去看了。回來告訴我已考上,我這才跑到文廟前街石室中學大門外。看見大牆上貼有用毛筆寫的錄取榜,每個人的姓上還用紅筆打了一點。據說那漂亮的毛筆字是出自學校教導處一位劉姓老師之手。當我的小學班主任羅主任知道我考上了「石室中學」時,她很高興,並笑說我是鬼聰明。同時我也考上了華大附中,但當時吳姨爹是那裡的校長,我們又住在一起,他怕有這種關係,老師不好管教我,就叫我去讀石室中學。其實我還是很想讀華大附中的,因好多小學同學都在那。進石室中學後,分在初九十四班乙組,我開始住校,每週回家一次,這也培養了我獨立生活的能力。我們的校園裡有許多高大的柏樹,每天早晨只

成都石室中學初九十四班乙組，部分同學及班主任老師吳德芳
（前右四）攝於校園裏，前排右三是我。

聽見校園裡同學們朗朗的讀書聲，在有霧的早晨只見同學們的身
影時隱時現，有的在讀語文，有的在讀英文，我們邊讀邊走在高
大的柏樹林裡，有時搗蛋的烏鴉會把屎拉在我們的頭上書上。文
廟裡的大成殿、泮池、三橋和欞星門給人一種古樸莊嚴的感覺。
你不想用功讀書，在這樣的氣氛中都不行。一九五一年底，開始
了又一場大的政治運動「三反」和「五反」。「三反」即為反貪
污、反浪費、反官僚主義。「五反」即反行賄、反偷稅漏稅、反
盜竊國家財產、反偷工減料、反盜竊國家經濟情報，當時政府派
去的工作組叫「打虎隊」。一天，我們幾個同學一起去看打「老
虎」，走到華西壩一座小洋樓前，正有好多人拿著旗子標語站在
一棟小洋樓的門口大叫打倒大老虎李××，李××老實交代，坦
白從寬，抗拒從嚴。我們一看這是我們小學同班同學的家，他的
父親是華西大學的教授，他怎麼也成了老虎？在這次運動裡有好
些資本家及工商老闆自殺，還處決了兩個貪污腐化的共產黨老幹

部，一個是天津市委書記張子善，另一個是天津市市長劉青山。當時正是抗美援朝戰爭在進行的時候，我們聽說是美帝國主義和南朝鮮反動派，入侵朝鮮民主主義共和國並要入侵中國東北。我和同學們看見華西大學的學生開歡送會，送走一批批胸前戴著大紅花被同學們高高抬起來去參加志願軍的同學，真是激動人心。雖然對三反五反運動有一些疑問，但認為個別不法商人，偷工減料，將送到抗美援朝前線，給志願軍使用的藥棉裡，摻進未消毒的爛棉花是非常可恨，這些奸商應該受到懲辦。一九五二年我們全家四人，搬到了華西後壩中學路三十九號內。這是一個佔地約四畝的公館，門上寫有「鄭寓」，人稱鄭家花園。園內有很多花草樹木，還有很多果樹。我們租了一間約十四平方米，窗向花園的屋子，另有一廚房。園內有一糞坑，用竹蓆遮起來就算男廁，每家都用馬桶。房租當時是人民幣五‧五萬元（第一套人民幣[1]）一月，後來房東的房子被政府經租，房租降為二‧四二元（第二套人民幣）一月，這租金一直維持到八〇年代初。房東是位姓夏的中年婦女，是我同學的母親，她是留日學畫的。我們稱她夏先生，她很愛講話，和我們相處很好。我們在這一住就是三十年。我母親是在這間房裡去世，我和邦瓊在這間房結婚，我們一對兒女也是在這裡成長的。

1　一九五五年三月發行第二套人民幣，第二套人民幣一元等於第一套人民幣一萬元。

雪中送炭

　　進了中學後，我開始感受到家庭經濟困難的壓力，繳伙食費都沒錢。母親的身體也越來越差，又沒有工作，三姐弟妹都在讀書，全家只有支出沒有收入，父親留下的一點黃金也在日常開支中用完。我們開始靠典當幫補生活。家裡的一個照相機，一隻手錶，一隻派克筆，還有母親僅有一點的首飾衣物都一一送到了寄賣行。我常和母親一起去春熙路一家叫「美奇」的寄賣行，當看到那些屬於我們的東西仍在櫥窗裡時，就感到非常的失望。我在學校申請了丙等助學金，每月大約有三萬元（第一套人民幣），差不多夠一月的伙食費。當時申請助學金的同學不少，可見大家生活都很艱難。

　　我父親的乾兒子李大哥先在南京，後到北京郵電部門工作，他和他的太太張姐姐，從一九五〇年起每個月給我們匯五萬元

經近半個世紀失去聯繫，二〇〇二年在北京與李大哥仙東、張姐姐惠雯歡聚。

李大哥給我們的匯款單。

（第一套人民幣）接濟我們，直到姐姐工作。在那種年代很多人都不願或不敢和我們這種家庭往來，像李大哥和張姐姐這樣的人實在很少。還有我父母的老朋友陳序賓老伯和陳伯母也在媽媽生病時伸出援助之手。為了節省開銷，阿姐選擇了讀「成都鐵路學校」，因鐵路學校是公費。她一九五六年畢業被分配到北京再到保定工作。因鐵路員工的薪金較高，阿姐每月除留下她自己的生活費，其餘的錢都匯回家，以改善家裡的生活。妹妹久倫在初中畢業後，也選擇了公費讀書的「成都幼師」。從一九五七年後，我們就和幫助我們多年的李大哥、張姐姐失去聯繫，但我一直想念著他們。

　　直到我們和我父親聯繫上，我到香港工作，常去北京出差時也去郵電部找過他們，但因部門太大，我也不知道李大哥工作的單位，就無法查找。到了二〇〇二年，正好女兒在北京暫

在北京晚報上的尋人啟事。

住，她知道我心裡一直掛念著我想要感謝的人，可能還住在北京。她問我要不要登報尋人試試看，我想這是唯一的辦法，但北京有上千萬的人口，報紙種類也那麼多，要登廣告找人，有如大海撈針，談何容易。女兒託人，在北京讀者最多的北京晚報上登三月二十三、二十五、二十七日三天尋友廣告，因我記得李大哥和張姐姐的名字，而李大哥的名字較特殊，他名字中間一個字是「仙」字，很多人會寫成「先」字，登的廣告只有35mm×10mm非常小。我和邦瓊正在老家成都探親，準備四月初從北京乘飛機回美國。三月二十五日女兒從北京來電話，告訴我好消息，找到了李大哥和張姐姐，並已和他們通了話。我和邦瓊立即到北京和

近半個世紀未見面的大哥大姐歡聚。李大哥已八十多歲，張姐姐也快八十了，大家幾十年來都在相互牽掛就是聯繫不到。這次他們自己未看報紙，還是一位朋友看了廣告才通知他們的兒媳婦，她打電話給我女兒，問清了情況才說等她先告訴兩老，怕他們太激動。他們已是兒孫滿堂，過著幸福的晚年生活。李大哥和張姐姐還給了我幾張珍貴的照片，是他們和我們，還有黃大哥在南京中山陵、玄武湖一起的合影，還有在鼓樓外交部宿舍院裡的照片。我的所有老照片在文革時早已付之一炬。李大哥還把他珍藏了七十多年的一對「銅紙鎮」送我，這是我父母在李大哥滿十歲時送他的禮物，上面還寫有李大哥的小名，和我父母的名字，李大哥還保存了一張給我們的匯款存根上面寫著五萬元，我也要來做紀念。

我們一家在華西後壩中學路三十九號住了卅多年，三代人都在這院子裡生活過。我們的老鄰居們是我們這一家悲歡離合歷史的見證，鄰居們給予我們的幫助不是一兩句話可以說完的。我們深深的感受到「遠親不如近鄰」的含意。邦瓊生了大孩子回家後不久，一天她突然大出血，暈倒在房間裡的地上，我去上班了，家裡只有她一人，這時正好我姑媽來看她，姑媽叫門無人應，鄰居的保姆鄧姆姆，從窗外往裡看，發現邦瓊倒在地上。她們大聲喊叫又打門，邦瓊被響聲驚醒，撐起來把門拴打開又暈過去。姑媽和鄰居們都急得忙成一團，突然有人說快到「川醫」精神科去找廖孃孃，她也是我們的鄰居，在醫院做護士，於是有人就跑去找廖孃孃救人，過了半個多小時川醫的救護車來了，但因車開不到院子大門，鄰居們就把邦瓊扶到一把椅子上，把她抬上救護車去搶救。當時家裡都沒有電話，如果沒有姑媽來我們家和

我的姑媽。

這麼多好鄰居的幫助，邦瓊就沒命了。等我接到通知趕去醫院時，邦瓊已躺在病床上脫離了危險。我的姑媽是我父親唯一的一個親妹妹，她和我母親的關係非常好，我的母親一直很關照這個妹妹，她們從沒有那種姑嫂之間的矛盾。自父親離家後，姑媽一直和我們保持密切來往，我們有時去犀浦農村看姑媽，她一進城總要來看我母親。在邦瓊要生我們第一個孩子時，我特別到姑媽家去請她老人家來幫我照顧邦瓊，姑媽家裡也有很多事，有幾個孫子要她照管還要養雞餵豬，但她還是進城到我們家來幫忙。一天姑媽早上起床時，感到胃痛，她說昨夜做了一個夢，夢見我的母親，我母親像平時一樣勸姑媽吃這吃那，姑媽說：「你在時勸我吃東西，我高興，現在你走了再勸我吃東西，我就不受。」我看出姑媽一直想念著我母親，才會做這樣的夢，我們就要姑媽到她在「四川大學」教書的么女家去休息幾天再到我們家。這好像是命運的安排，姑媽回去幾天總是不放心，那天早晨就來救了邦瓊的命。有時我和邦瓊都上夜班，只有兩個孩子在家，邦瓊把門

上了鎖，聽見兩個孩子在不斷叫媽媽再見，邦瓊流著眼淚說你們乖乖在家，爸爸一會就回來。這時鄰居們會幫我們聽著怕出事。有時我們小孩生病要看急診我們錢不夠，去向他們借，他們從未拒絕，我的自行車破得不能騎時，剛好在工廠抽到一張買自行車的票，鄰居喻嫂伸出援助之手借錢給我去買，而她從來沒有催我們還錢。在我三十歲時身體不是很好，我們的鄰居八十高齡的郭爺爺教我做「八段錦」他說你在工廠勞動和鍛練身體不一樣，我聽了他的忠告，一直到現在仍每天做，從未間斷，對我的健康大有助益。一九九四年，我們從香港回成都老家去玩，這時中學路三十九號早已拆掉不復存在，但我們還是把能聯繫到的老鄰居約到一起歡聚一堂，我們永遠不會忘記這些雪中送炭的珍貴友情。

向黨交心

一九五四年初中畢業，部分同學攝於學校大門。

　　一九五四年我考上高中，在原校升學。這時石室中學也改名為成都市第四中學校。剛進高中不知因何原因突然將全國外語課程由英語改為俄語，我們的俄語老師，他是川大英語系剛畢業的也不得不改行教俄語。當然多學一門外國語言，是無可厚非，但因為某種原因而取締另一種語言的學習，實在是不智。這一做法的後遺症在二、三十年後中國改革開放時就顯現出來。那時許多中年知識份子，就不會世界上最常用的語言英語。上高中後，我看見同學們加入青年團，和同齡人一樣，我也想「要求進步」。我的好友在文，入團後主動願做我的介紹人。但我無論怎樣努力始終不能如願。後來在文告訴我，我不能入團的唯一原因，是因為我

一九一九年五四運動時期，吳姨媽（左一）、母親（左二）和
乾媽（左四）攝於成都益州女中。

對「反動」家庭認識不夠，和「反動」的父親劃不清界線。那時
我還沒意識到政治的壓力已漸漸地逼近我，改變著我的人生。

一九五五年暑假，全市學校的老師都要集中「學習」，參加
「肅反運動」。吳姨媽是一位中學的衛生室護士，也去集中「學
習」。參加「學習」的每一個人都要寫自傳向黨「交心」。吳姨
媽的孫兒不知怎麼保留了一份他婆婆一九五五年九月十一日寫的
自傳，他給了我一份影本，經他同意我將它摘錄如下：

> 　　我一九〇三年出生於四川營山縣，那時我的父親正在
> 營山縣府（做事）任幕僚，他原是浙江省蕭山縣人，在滿
> 清，太平天國革命時他還是個小孩就輾轉來四川成都依家
> 門及親友，培養長成人後，大部就在官府作幕僚，民國初
> 年做過一任知事，後就在重慶鹽運公署作事直到民國十三
> 年就因病死在重慶。他生性孤傲，在家真是一個嚴父。但

是他的思想是受了康有為，梁啟超一流人物維新派思想的影響，所以在當時他是進步的人物，如像在當時能在許多親友思想頑固反對之下，他卻把我們送去讀書，又為反對迷信禁止纏足穿耳等思想都是他比較新的。我母親是四川人，外家也是滿清小官僚，她家境不豐裕，所以她算是貧家出身。我在高小畢業，母親要我停學，說女長大了不能再讀書，應該在家學學家事。那時我求學心還是大，但在那種情況下，我父親又在重慶工作，我只有寫信說明，請父親作主。當然在那時的舊社會家庭以男性為中心，只要父親允許，母親也就不能反對了。我與母親朝夕相依，受她的影響較受父親的大，因此我的性情思想也多像母親，在姐妹中，除四個兄長外我是大姐，母親常常總是要我讓妹妹們，因此就養成我無多大好強心及鬥爭性，在校讀書時也是一個中等的學生，甚至不相信自己而產生嚴重的自卑感。

當時進的「益州女校」，是較進步的學校，高小畢業後就直升本校師範班。當「五四」運動時我讀師範一期，對這一愛國運動也知其然不知其所以然，雖然也參加遊行示威，但對積極參加宣傳的同學又有點蔑視她們，覺得那樣是太出風頭。但是親友以我不迷信，不纏足的形式上來看，總以新派學生看我，我也就以新學生自居。我的讀書目的也是茫然的，當時只是想讀了書將來不受男子欺壓，可以男女平等而已。時值「五四」運動以後，成都一般青年男女學生都爭向川外求學，我的四個哥哥先後出川了，因此我也就想著能到北京去就讀女子高等師範，也就算達

到我最大的志願了。一切還是有點想往上爬，為個人打算。但我在益州畢業不久認識了我大哥的朋友吳先憂，他在當時是有進步性的青年，認識他後對我常宣傳「無政府主義」，又辦了一份「半月報」，也是當時進步的報紙，我也訂來閱讀。他們主張女子剪髮，男女公權等，也曾被當時政府要逮捕他們。我和他交往還對我思想和知識也有很多幫助。在一九二四年我們就結婚，結婚後又覺得不會再有求學機會，也沒有個人的前途，因此由過去依賴父母的觀點改變，一切以丈夫為中心。那時我的人生觀是怎樣能協助丈夫的事業及怎樣教育自己的子女。

一九二五年即生大兒，一九二七年又生女兒，當時的家庭經濟僅賴我愛人的父親遺留的一點房屋收租，收入還是不夠，有時借貸，等他大學畢業賣房還債也就用盡了。一九二七年遷家出城到「華西壩」，我也就在華陽任小教貼補家用。我愛人一九三〇年在華西大學畢業，家用又較好轉，當時我還是想在社會上能工作較好些，因此遇著友人李××（我愛人幼時同學）經介紹參加「偽國民黨」。以為將來好找工作，也莫名其妙的就加入了，但從沒有參加甚麼活動，其實對我工作也沒有好處，至今思之追悔莫及，總覺是自己政治上一個污點。一九二九年生小兒子，我又不能工作了，家中人口漸增，只能靠我愛人的薪水來維持一家生活，當然是生活得較苦，我想孩子是累贅，又要阻止我工作，再方面，怕生多了將來更會負擔不起，就決心把這三個孩子好好培養。後就在重質不重量之下，同我愛人商量於一九三〇年找醫生動了節育手術。

這份自傳一直寫到一九五五年為止。從這篇自傳可想而知為甚麼參加「學習」的教職員會臉色蒼白神情緊張地一個月回家洗一次澡，又回去「學習」。一般的「交心」要查祖宗三代，人沒有尊嚴，更無隱私可言，深怕被說成是不老實，抗拒交代，連做節育手術都要向黨交心。我的吳姨媽是一位膽小怕事，心地善良有文化的婦女，為了寫這「交心」不知熬了多少個不眠之夜，她不能寫出她在每個時期的真實感受，寫自己參加「五四」運動，寫自己想去北京讀書，不能說自己有進步的思想，一定要說是為了個人打算想往上爬。在寫到加入國民黨時，她不知有多害怕。寫這東西時你得時刻記住你是從舊社會遺留下來的，你有許多資產階級的壞思想。如被認為未徹底向黨交出心，你就會倒楣，過不了關。在「學習」中聽聞也有不少人被逼自殺了。那時我們還不懂事，因老師「學習」假期要延長，還滿高興。當時我們唱的歌「天大地大不如黨的恩情大，爹親娘親不如毛主席親」。是啊，對爹娘還有甚麼話需要隱瞞呢。

覺醒

　　一九五七年，我高中畢業，還幼稚的想，我英文不錯，雖然在學校是學俄語，但我一直還在自學英文，因此還夢想去報考「北京外國語學院」，以後為國家在外交方面盡力。那時要考「北京外國語學院」還必須到北京應考。阿姐給我買好火車票。在去北京前媽媽非常高興和久倫一起特別做了我最喜歡吃的「宮保雞丁」和其它菜，要我請我的好友在文，吳剛，良能來我們家聚會。我懷著美好的理想乘上火車經寶成線出川。這是我在中國第一次乘長途火車，火車翻秦嶺時要兩個車頭，一個在前面拉一

一九五七年高中畢業，我和在文攝於校門。

一九五七年成都家前，赴京前和家人及好友合照。

個在後面推。在西安我還住了一夜，第二天又換乘另一列車到北京。我在車上也無心欣賞沿途景色，只管埋頭看書準備應考。北京這座有著悠久歷史的古城是父親年輕時求學的地方，也是他和母親一起生活工作過的地方，現在我也帶著同一夢想踏上了同一塊土地。

北京給我的印象是雄偉古老，那裡的居民樸實、禮貌、友善。我住在平衡伯伯和俊龍伯伯家。他們兩家，都住在西四大院胡同的同一院裡。兩位伯父都是我父親的老朋友，時任民革中央委員。白天我去北海公園溫習功課，當時的北海公園人很少，是個讀書的好地方，一切都是那樣的寧靜。而我還渾然不知，一場殘酷的政治鬥爭已經悄悄地拉開了序幕，更加不知我也將成為這一鬥爭的犧牲品。應考的時間到了，我參加了筆試然後又是口試。還記得口試是在石附馬大街的一個地方，考室裡臺上坐了幾位考官，他們問了我幾個簡單的問題後，讓我讀了一篇短文最後問我是在哪學的英語。我是從不隱瞞自己的家庭歷史，就照直實說在英國學的，當然也說了我父親去了臺灣。這時考官們面面相覷，口試也就到此結束。晚上平衡伯伯回來，問我這幾天考得怎麼樣，我說還可以。這時他表情突然變得特別嚴肅地對我說：「這次你肯定考不上大學，你儘快回成都去。要記住，以後不要加入任何組織，做任何頭頭，要到社會最底層去好好工作，這樣才安全」。他又說，「你不要像你父親該不該講的話都要去講」。我父親的性格很直，有話就忍不住要說出來，一九三八年五月立法院選舉，陳立夫當選為立法院副院長，我父親在陳氏當選後，上前去祝賀時說，祝賀你當選，但我沒有投你的票。晚上回家後他告訴我母親這事，把我母親嚇壞了，說我父親這太危險

了，陳是什麼人，你非要去說這話。我聽了李伯伯講的話，一點也不明白。回家途中我到保定阿姐家住了一段時間，她所在的鐵路單位正在大批「右派」分子。被抓出來的「右派份子」大都是些技術幹部。

回到成都後，我接到不錄取通知書，和我有相似背景的同學們也遭到了和我一樣的厄運。在五七年前我們學校的升學率基本上是百分之百，今年就不一樣了。這時「反右」運動已全面展開，我才開始明白平衡伯伯的忠告。當時有同學邀約我去公園聚會，我們這些有同樣背景，同樣命運的人，如果聚在一起，結果會是怎樣！我記住了平衡伯伯的忠告，沒有應約。後來，我那些純真無辜的同學有的被判入獄勞改，勞教。幾十年後我碰見一位「勞教」後倖存的老同學，才知道他和其他同學因為閒來無事，常去成都人民公園聊天，有時碰見在我們學校低年級讀書的，從馬來西亞，新加坡歸國的一批華僑同學大家一起談天，聽聽外面世界的見聞。就這樣他們被定上「企圖投敵叛國」的罪名，他們的前程就這樣被毀了。在家待了幾個月，一種從未有過的失落感重重的壓迫著我，我是家裡的男子漢，雖然阿姐已工作並每月匯錢回家。久倫她也快幼師畢業，但我不想也不能待在家裡吃閒飯。母親從未逼我去找工作，她鼓勵我明年再考大學，但我明白大學的門不是為我這類人而開的。當時有一條出路就是去農村當農民，我也曾想過到農村落戶，但一次我和同班好友良能到新繁縣，去看一位已在農村落戶的好朋友。當我看見她孤零零一個人住在一間冷浸浸的農村小屋裡，突然間我打消了到農村落戶的念頭，決定另謀出路。

去到社會底層

　　一九五八年一月，四川省公路局要招一批築路工人去修西昌至鹽源的公路。我知道修路是艱苦而危險的工作，但因只簽一年合同，修完這段公路就可回成都，於是我和良能決定去闖闖。我們因住在不同的區，在不同的辦事處報了名，後來分到不同的隊裡。當母親知道我要去修公路時非常擔心，怕有危險，她不同意我去，但我決心已定，還是堅持去了。那年春節是二月十八日，初四我就起程了。早晨天不見亮還下著小雨，走出室外還是很冷，我背著被蓋捲和一點日用品告別了母親出發了。母親含著眼淚，再三叮囑我要注意安全，要寫信回家，送別了自己的寶貝兒子去當苦力。

　　我們在南門武侯祠門口上車。一共有幾十輛蓋有帆布篷的大卡車，因為下雨帆布都是拉下的，每車二十個人已非常擁擠，加上有人吸香菸和葉子菸，空氣更加污濁，使人透不過氣來，我這個從不吸菸的人差點嘔吐。我們這組編為第十二組，第一晚我們留宿雅安，第二天天還未亮，大家就起來吃了早飯，很快上車出發了。經過榮經縣就開始翻泥巴山，這座山海拔大約兩千八百米，路很難走，聽同組一些以前走過這條路的同事講得有聲有色，翻泥巴山要看命大不大，若開車師傅手藝高就沒事，又說這裡時常有汽車掉下懸岩去車毀人亡。我們坐在車裡帆布篷蓋著，外面什麼也看不見，我想只好聽天安命。那天山上飄著小雪，路

面非常泥濘又滑，路上有不少急彎和陡坡，有時車開進坑裡走不動，就要大家下車在車輪下墊上木板一起用力把車推動，從車上下來雖然很冷，但空氣比起悶在車裡舒暢多了，我的鞋很快被浸濕透了，只好慢慢穿乾。我們還看見有翻在懸崖下的汽車孤零零的躺在那裡，不知那車上的人命運如何。這樣經過好幾次上上下下，我們終於平安翻過了這據稱是川內最難翻的一座大山，到了漢源縣。在那裡吃了午飯再繼續往前走，晚上停留石棉。

第三天到達西昌河西鎮，再往前行不遠，終於到達我們的工地。我們一組二十人就馬上開始搭起帳篷，這時也才開始對組上的人有點瞭解，這組人裡有勞改釋放的，「地富反壞」各階層都有，也有修路有經驗的老「土狗子」[1]，還有像我一樣的學生哥，除我另外還有四位，一位姓張是十五中高中畢業的，另一位姓戴是十三中初中畢業的，還有兩位我已不記得。雖然每個人的經歷不同，但也還相處融洽。我們這些學生哥從未幹過這等重活，更不知道公路是怎麼開出來的。一些老手就告訴我們要怎樣拴好保險繩，下到站也站不住的半山沿勘測隊打好的標記開始往裡挖。我們用十字鍬一鍬鍬的挖，將挖出來的坭土、石塊往山下倒，慢慢就挖出了可立足的地方。當時工資是按所挖的土方，石方，不同價格來計算。每晚小組都要評工分最高十分。我們學生哥的評分都較低，但大家也不太計較。土方價錢最低，石方價錢最高，因要打炮眼，放炮，那是很危險的工作。月尾就按全組所挖土方，石方總合計算全組掙了多少錢，再按每人所評工分來計工資。第一次拿到工資大概不到三十元，我給母親寄回十五元並寫

---

[1]　一種在土裡鑽的蟲，修路人對自己的自嘲。

信告訴她我一切安好，讓她放心。我真的好高興，這是我用自己勞動掙來的，可以孝敬我的母親。當母親收到匯款後她傷心地哭了。母親看見，她那麼嬌慣的兒子，在深山中用苦力，冒危險掙來的血汗錢，她怎會不激動。母親回信讓我不要再匯錢，要我自己留著用，好好注意身體。

西昌的春天不是一個好享受的季節，這時氣候特別乾燥，更可怕的是風沙很大，在工地上遇到風沙可以背轉身閉著眼或找個山岩躲一躲，最麻煩是吃飯的時候，突然刮起風沙，這時我們放在地上的裝滿菜的盆子和大桶裡的飯就全是沙，因我們是在露天吃飯，無法防備，這時你不吃就沒了，但一吃進嘴裡只聽喳喳響滿口是沙。

一九五八年西昌，和良能修西鹽公路。

一個夏日的晚上大家勞累了一天正熟睡在帳篷裡，突然外面下起了大雨，直到流水聲把我們驚醒，才發現山水已沖進了我們的帳篷，幸好我們用樹木搭起的連鋪較高，被子沒有打濕，但放在地上的鞋和一些其它物品就遭殃了，我們連夜在帳篷外面靠山坡的一側挖了一條壕溝，讓山上沖下來的水繞過帳篷流到山下去，後來我們才知道西昌愛下夜雨。時間長了，我也學到不少在修路施工中要注意的事，如不能挖成神仙洞，那樣會有塌方的危險。如果遇到岩石無法用十字鎬，挖時就要用鋼釺和鐵錘來打炮

眼，掄鐵錘的人技術要高，膽大心細，眼睛要看著鋼釺頂端，將鐵錘掄三百六十度打在鋼釺頂端上，稍不小心就會打傷握鋼釺的人，握鋼釺的人要用雙手握好鋼釺，隨著鐵錘的次次錘打，將鋼釺旋轉，因鋼釺前端有扁型的刃口，這樣就可打出一個可放入炸藥和雷管的深洞。放炮時不能用雙手抱頭，而要抬頭看天，免被飛石擊中，同時要數炮聲，免遇啞炮發生意外。修路不是簡單的工作，當築路工人也不容易，既要保證工程品質，還要學會保護自己的安全，確實大有學問，一點都不能馬虎。我的雙手和肩膀都磨起了血泡，時間一長也成了老繭。

在我們的工作中還有打夯。這個工作一般四人一組，每個人雙手握住夯四邊的把手，由一個人領頭喊號子，四人才能同時用力提起夯，再用力扔下。我們組裡有位年輕人他算是「老土狗子」，很有經驗，很會喊號子，看見甚麼喊甚麼，這樣打起夯來，大家一起用力，也輕鬆點不易累。有時他也用喊號子來提醒大家要注意的事，好像在「砌保坎」時他就喊到「大家加把勁喲」，我們就應合到「哎嗨著喲」，他有又喊「一夯跟一夯喲」「哎嗨著喲」「不要跳起走喲」「哎嗨著喲」「保坎如果垮咯」「哎嗨著喲」「那可不得了咯」「哎嗨著喲」……當然有時也要講一些「葷」的故事給大家提提神。

到了休息日，我也能和良能見見面，我倆的工地相隔十多里路，他更靠近鹽源。山上還看得見一些廢棄的碉堡，是以前打仗時遺留下來的。住在山上的彝胞大多都打赤腳，還在使用木鋤頭挖地，他們對我們都很友善。他們種有很多梨樹、桃樹，去到果園給很少的錢就可隨便吃，帶點走。一次休假我走到良能的工地，良能在管伙食團，有時去採購，所以去工地的時侯要少一

些。看見他嘴裡叼著一支菸，我問他怎麼要吸菸了，他說有時胃痛或心裡煩，吸一隻菸就會舒服一些，我知道他的腸胃有問題，平時連水果也很少吃。大概受了環境影響，慢慢地我也開始吸菸，記得第一次吸菸還噁心得要嘔了。我也試著喝了一次酒，但醉得我以後再也不敢喝了。有時良能同我坐在山坡上唱唱歌，以前我們倆都是學校合唱團的。我們唱「拉茲之歌」，這是一部印度電影《流浪者》的主題曲。電影主人公拉茲本是一位法官的兒子，但他的法官父親在判案時堅持「賊的兒子就是賊」的錯誤血統論。被錯判的人出獄後為了報仇，就綁架了電影裡的主人公，並將他訓練成了一個技巧高超的賊。拉茲有一位小時侯的女朋友名麗達，後來成為一名律師，她一直和拉茲的父親的錯誤觀點進行鬥爭，並始終愛著拉茲。我們看了這部電影都深受感動，雖然我們的父輩不是賊，更不是十惡不赦的壞人，但我們依舊成了「老子英雄兒好漢，老子反動兒混蛋」新的血統論下的犧牲品。又有誰能為我們鳴不平呢？良能的命運比我還慘，他爺爺是個舊軍閥，父親是個舊軍官，母親很早就出了家。比起他，我至少還有母親來愛護我，在學校時，每週我還有家可回，而他總是待在學校。此時此刻，我們遠離故鄉，在這荒涼的叢山裡仰望蒼天，感到前路茫茫，不知這一生還會流浪何方，我們是被社會遺棄、遺忘的一群，我們是遺民。在這荒山野嶺的環境裡，當夜深人靜，在帳篷裡，躺在用樹木搭起的連鋪上，聞著每個人身上散發出的一股股汗臭味，聽見身邊同事偶爾發出的夢語聲，我再也睡不著了，便起身走出帳篷，靠著一棵樹，坐在月光下，抬起頭來看著這滿天的星斗，呼吸著清新的空氣，想著自己人生的前一階段。如果我們一九四六年沒有回國，我現在又會在哪裡，在做甚

麼呢？我小學同班一位姓彭的同學，他的父親也是立法委員，到臺灣去時把他帶走了，他的命運又是甚麼呢？我的父親在思念他遺留在家鄉的親人嗎？在這同一天空下，人們的命運是多麼的不一樣，而這命運的轉換往往只在一念之間。這一切都只是空想，因為我畢竟是在這裡，在這荒山上下苦力。我又想到我那些被判刑去勞改的無辜同學，他們的命運比我還慘，這所有的一切都是必然要發生的嗎？改朝換代在中國的歷史上層出不窮，是不是新的統治者對遺民都要這樣折磨、殘殺，才能感受到那種瘋狂報復的變態喜悅，才能鞏固其政權。為甚麼不能以德服人，得到遺民們心悅誠服的擁護。我想起一九四九年十二月和我表哥去看解放軍入城，一九五一年在小學戴紅領巾，直到上高中還想過要加入青年團。在接受共產黨近九年的教育後，我開始對共產黨有了更深一步的認識，我今後的人生還會遇到甚麼，我實在不敢往下想。

在山上，總是盼著家書和朋友的來信。每當聽到馬幫的鈴聲，知道郵遞員來了，就希望有自己的信，只有親人和朋友還沒忘記我。當我讀著媽媽，阿姐和久倫的來信時，這字裡行間，鼓勵我安慰我，想念我的親情，溫暖著我這顆孤獨的心。

與死神擦身而過

與死神擦身而過翠日，和同組學生
哥合影留念，前排左一是我。

　　一九五八年六月二十一日早晨我們十二組的人一起出發去上
工，那天天氣晴朗，一朵朵白雲飄蕩在天空，大家都說：「朵朵
雲曬死人」。我們來到工地開始日常的工作，一會兒太陽從山後
爬出來了，氣溫慢慢升高，到中午已很熱，這時不知是誰說了一
句，今天是端午節，中午要打牙祭。大家本來就已經餓了，天氣
又熱，就趕快收工回去吃飯。因為是過端午節，伙食團特別多做
了幾個葷菜並且有酒喝。我雖然不會喝酒，但我們第十二組的人
中午打了牙祭後，酒肉飯飽，就商量決定晚點開工，下午遲點收

工。我們都回帳篷去睡覺休息。等我們醒來，出發去工地時，走在半路上就聽到有人驚呼大叫：「糟啦，十二組的人全完啦！」我們跑到工地才大吃一驚。我們工作的地方已被山上垮下來的岩石坭土堆成了一座小山。我們的工具，鋤頭、十字鍬、鋼釺、扁擔、鐵撮箕等等都不見了蹤影。當其他組的人看見我們二十人都平安時，才歡呼起來，說我們真命大。

　　第二天剛巧有一個從河西鎮來的流動照相館到工地給需要照相的人照相，我們全組就在這塌下坭土，堆成的小山上合影留念。我們五個學生哥還特地一起留影。接下來我們全組人就用新領的工具開始清除這一大堆坭土和石塊，我一邊挖著這小山坡一邊想，什麼是人的命運？我自己也說不清楚。若不是碰上端午節，那我就已經不存在了，我的親人會怎麼樣，我不願往下想，但我很清楚，我絕不會讓媽媽知道這件事。我們花了兩週時間才把工具挖出來，鐵撮箕都壓扁了，這真是天意，我命不該絕於此。不久我們又要搬工地到更靠近鹽源的一個叫「小高山」的地方。這是一次艱苦的行程，我們每人除了要背自己的行李外還要背帳篷，大米，要翻山越嶺走幾十公里，這對我的確是一次體力和毅力的考驗，一早出發時，我在修路中認識的一位姓宣的朋友，他個兒不高但體力特好，他所在的那個組不遷工地，他一定要送我走一段路，他幫我背了不少東西，直到我堅持要他回去，我們才分手，新認識的朋友能有這樣的友情也很難得。我們沿著金河走，烈日當空，頭上身上的汗像雨水一樣往下流，我打著赤膊肩負重擔，沿著金河岸邊一步步往前走，想起我們在學校唱過的歌〈美麗的金河姑娘〉現在唇乾舌燥再也唱不出來了，即使真的金河姑娘出現了，我也無心去多看她一眼。金河水流很急，不

久前修路的工人還因發生意外，被急流沖走了幾個人，連遺體都未找到，我們在路上還看見一具似乎站立著的以油布遮蓋的屍體，被綁在一個擔架上，靠在一個太陽曬不到的山邊凹進處，是不久前被對面放炮飛來的石塊打死的。我看見這具屍體，一邊走一邊想，一個人的生命是多麼的脆弱，不要說我們前不久工地上發生的塌方事故，就連這放炮時飛來的一個小的石塊也會把人打死。這個死去的人家裡還有親人嗎？他的出身又是什麼？為什麼還擺在這裡無人管？我是不是又想得太多了。我們修這條公路雖然不長但還是有傷亡。到了新的工地「小高山」每天下雨，天也漸漸冷了，我們睡的被子從未乾過，十個月的時間很快過去，工程提前完工。一天有人從西昌城裡來，說全國「打尿痙」了，好找工作了，我們都不知他在說什麼，原來是全國「大躍進」開始，我們四川人「躍」字發音「YAO」，這人故意說得俏皮。本來還要我們繼續去修鐵路，但我們不願意去，都想回成都了。有人說公路局要把我們直接載到蓬溪縣去修鐵路，因我們的戶口已轉到公路局，在成都不會停車，大家急了，有人出主意，車一到成都就用被子把汽車前面的玻璃蓋住，司機不停車也得停，大家就可趕快下車。我記不清我們是怎麼下的車，反正我回家了。我給媽媽帶了一點當地特產，「貝母」是一種中藥材對肺很好，媽媽的肺上有病。通過這段經歷，我更加成熟了，親身經歷了人世間的艱險，體驗到社會底層的生活，更感受到親情友情的可貴。

　　一九九九年元月，好友在文和世義陪同邦瓊和我去「女兒國」（瀘沽湖）旅遊，途經西昌，在西昌住了一天，我非常想去看看我和好友良能一起修過的「西鹽」公路，在文在西昌的朋友們說，那沒有什麼好看，九八年這條公路被大水沖壞多處，

一九九九年西鹽公路，我和良能的女兒合影。

現還在搶修。當在文告訴他的朋友，我在一九五八年曾在這裡修
「西鹽」公路當築路工時，他們都非常奇怪這位從美國回來的趙
先生怎麼會在這裡修過路。在文的兒子開車把我們帶到「西鹽」
公路去看看，在文的兒媳婦是我難兄難弟良能的女兒，也和我們
同去。到了「西鹽」公路上看見幾輛推土機，鏟土機在很差的路
面上工作。良能已經走了，他再也不能和我一起來回憶我們那段
艱苦的生活。我牽著他女兒的手，一邊慢慢在路上走，一邊給她
講四十一年前我和她父親在這裡修路的故事，我告訴她以前沒有
任何機械全靠人力，但這也鍛煉了我們的意志使我們堅強起來，
經受住了日後的更多風風雨雨。我們一起留了影，以前是和她父
親，現在是和她父親的女兒。她說趙叔叔我還想多聽聽你和我父
親的故事，我說我會講給你聽的。

因禍免災

一九八一年和楊三哥（前中）
攝於成都。

一九五七至五八年的「反右」鬥爭不知抓了多少人去勞改，我的一位世交，楊三哥，他是我前面提到在南京被通緝的共產黨嫌犯楊大哥的三弟，一九五六年從華中工學院畢業，幸運的被分配回成都，在一家國防廠當技術員。他畢業回成都時，我在吳姨爹的家裡見到過他，他是一位生龍活虎非常健談的青年。第二年聽說他在廠裡被打成「極右」，押到峨邊去勞改。我們的同學也有考入大學後被打成右派押去勞改、勞教的。像我的好友，大娘的兒子吳剛，他文學特別好，又寫得一手漂亮的字，家庭出身也好，是出身貧民，我們都認為他有希望考上北大中文系，卻因在一九五七年聽信了幫助共產黨整風，「要知無不言，言無不盡，言者無罪，聞者足戒」，上了共產黨的圈套，參加學校大鳴大放，給共產黨提意見，被定為「內控右派」，因中學生不能定

為右派。他高中畢業時，我正在西昌修公路，我還在等待他的好消息，一天收到他的來信，他寫道，因為說了真話，我無緣進大學，我連俄語都無心考完，在試卷上畫了幾個大字，Я不考了（即我不考了），就離開考場，後來他的命運也很坎坷。

　　二十多年後又見到楊三哥，他那生龍活虎的身影已蕩然無存，站在我面前的是一個精神很差滿身是病的中年人。我問楊三哥怎麼會被打成右派，他說大鳴大放時，他說蘇聯有甚麼了不起，都要照他們說的做，那時工廠裡有好些蘇聯專家。楊三哥的罪名是「反蘇」。楊三哥還告訴我，他怎麼在勞改農場死裡逃生地度過三年「自然災害」。三哥說每天兩餐吃的幾乎是只有野菜的「包穀稀飯」，每天吃「飯」前還要犯人高唱「社會主義好」才准吃，但他們已餓得無力唱出聲。一次一個犯人，是位老教授，因又病又餓含冤而死。管理幹部叫三哥和其他幾個人去挖一個坑，把教授埋掉。三哥對我說，我們哪還有氣力去挖坑，就草草挖了很淺，把教授掩埋了。過了幾天有人看見幾隻野狗正在搶一個圓形的東西，那圓圓的東西滾來滾去，有人過去看，駭然發現是老教授的頭。三哥繼續悲憤地回憶著他的遭遇和所見，一天他們突然聽見狗的狂吠聲和人的嘶啞叫聲，他們走過去一看，竟是一場目不忍睹的人狗混戰，西南美院的王教授一身流著鮮血正和三條惡犬在搶奪一根牛骨頭，當時很多狗都被打來吃了，但因有民族政策，少數民族養的狗不准打。那天附近一家彝胞的牛從山上滾下來跌死了，這一家人就將死牛弄來吃，他們家養的三條惡犬，趁主人不注意，偷去一根上面有少鬚肉的牛骨頭，正在兇猛的爭搶，已餓得發暈的教授很長時間沒有看見過肉食品，也顧不得人的尊嚴，就拼命去和這幾條餓狗搶奪這根牛骨頭，這是何

等悲慘的一幕，它竟然發生在二十世紀五○年代已解放了的中國大陸土地上。三哥又說有部分管理幹部對「女犯」進行侮辱，若有不從者就強迫去地裡拉犁當牛馬使用。這個勞改營關押了九千多人，竟有四千多人被餓死。其中有一人是當時中共領導人劉少奇的遠房侄子，劉少奇的另一侄子來收屍時，看見這勞改農場的慘狀後向國務院反映，驚動了周恩來，這個勞改農場的梁姓負責人才被撤換，並判處八年有期徒刑。三哥說其實這位梁姓場長也是替罪羊，他曾多次向西南局的主管李井泉反映情況，但李卻置之不理。經此事後該勞改農場犯人的生活才稍有改善。聽了三哥的遭遇，我想當年如果我不是儘早到了社會底層，命運可能更悲慘，這時我才對平衡伯伯給我的忠告有了更深刻的理解。雖然我不能說是「因禍得福」至少可以說是「因禍免災」。

我的偉表哥

　　我有一位表哥，我稱他偉表哥，他是我姑婆的外孫，在一九四六年我們剛從英國回到成都，住在陳伯伯家「可莊」時，他有時到我們家來玩，我記得他是一位身材瘦小不多言的年輕人，身著當時中學生的麻制服戴著一頂盤盤帽。一九四九年解放軍進入成都後，我聽說偉表哥在成都市東城區公安分局所屬某派出所當了副所長，並聽說他是地下共產黨員。這以後就再也未聽到過有關他的消息。幾十年後我有機會又見到了他，這時的他已是一位瘦小的老頭，我看到偉表哥問起他這幾十年是怎麼過的，為啥沒有他的消息，他歎了口氣說，一言難盡。在我的一再要求下，他這個不愛說話的人慢慢向我講述了他的經歷和遭遇。他自幼失去了父母，住在他外婆家，後來上學讀書非常用功，成績一直很好，在上高中時和共產黨的周邊組織有聯繫，一九四九年五月經我乾爹的女兒介紹加入了中共地下黨。他說那時地下黨都是單線聯繫，他也不知他聯繫人的名字。當時給他的任務除了聯繫進步同學宣傳革命外，有機會時還可以打入敵偽組織瞭解，收集一些情報，他真的這樣做了。一九五〇年底他被叫到一個黨訓班去學習，被懷疑入黨是投機的，就被轉為「新民主主義青年團員」了。和他一起被叫去學習的一些高齡地下共產黨員幾乎都沒有了黨籍。一九五七年「大鳴大放」開始，他在成都市公安局東城分局的屬下，一些有點文化的地下黨員被集中調到市公安

局幹部業餘文化學校當教員。表哥說：「在『鳴放』中，他既沒有『鳴』也沒有『放』但他還是有自己的看法和語言，他覺得四川對地下共產黨員有『宗派主義』，那時他也曾說葛佩琦講過殺共產黨人是有前提的，那就是共產黨腐化了。如果共產黨不腐化那誰會殺呢？」他接著說：「當然這些話沒人揭露過，但一些想整人、立功的人，總會給你編造一套的。結果我們幹校這批『教員』差不多都被打擊了」。表哥給我看了成都市東城區人民法院給他的判決書，他以反革命罪判處三年管制送峨邊沙坪農場勞動教養。我看見他的罪狀有「污蔑蘇聯一九五六年出兵匈牙利是干涉匈牙利內政。」這樣一位滿腔愛國熱情的年輕人就被毛先生的「與人鬥其樂無窮」的思想給毀了。幾十年後他得到了「平反」，他把平反書給我看了，也恢復了他的黨籍，並享受了「離休」待遇。但這一切是否能彌補他失去的青春年華？我的表哥還告訴我一件往事，那是在一九四七年，一次他到「可莊」我們家來玩，表哥說他記得五姨爹（他對我父親的稱呼）對他說，你想吃什麼，就告訴五姨媽給你弄，同時我父親還說過這樣的話：「共產黨對你們青年人是利用，以後會整人的。」表哥說這不是我父親的原話，是他個人理解是這個意思，他又說：「當時我並未覺得什麼，當然以後我體會到了一些。」最後他不無感慨地說：「對二十二年的『另類』生活，我雖然認為它是一個錯誤所造成的結果。但是對比新舊中國的變化，中國人民不再遭受侵略者的掠奪，屠殺，中國人民站起來了。在我心中並不存在怨恨。」經歷了這麼多坎坷的歲月，但願我的表哥能有一個平安的晚年。

在成都求到工作

一九五九年成都軸承廠，當搬運工的我
（左一）和同事合影。

　　一九五八年也是「大躍進」開始的一年，回到成都時正值很
多國營工廠在招工。這是我們這些失業、失學青年的大好機會，
我回到「小天竺街道辦事處」每天都有很多不同的工廠來招工。
我每天都抱著希望去報名，但招工的人一見到我的家庭出身是
「反動官吏」，就把我的申請書丟在一旁，不要我。這時我突
然想到，我們學過的奴隸社會時的奴隸主要買奴隸去做工，就會
叫他們張開口，看看牙齒長得是否整齊健康，捏捏奴隸的肌肉看
看是否強壯有力，而我卻連這個機會都沒有。我給來招工的幹部
說，我什麼重活都可做，但還是無人要。媽媽看見我垂頭喪氣的
樣子，也不知道該怎麼安慰我，這時我真的感到自己完了。我的
出身不能改變，而共產黨的政策我更無能為力。難道我的出路
只有去農村和修公路嗎？我已不是在「找」工作做，簡直是在

「求」了。眼看許多失業青年幸運地被招進各種工廠，我只能等等等。當時辦事處有一位尹幹事，對我不錯，她要我不急，終於等到五八年年底，成都軸承廠來招工。一位姓趙的女幹部看了我的申請，竟同意收我。但條件是進廠後只能當搬運工，不能到車間學技術，我聽後真是狂喜。我終於有工作啦，而且還在成都，我可以照顧我體弱多病的母親。我一直在想，這位姓趙的幹部怎麼會要我，是不是我也姓趙？還是軸承廠對我們這種出身的人不太苛求。到了很久以後才聽說，這位姓趙的幹部的丈夫在五七年被打成「右派」。不管怎樣我都非常感激她給了我這工作的機會。進廠後，很多人被分到各車間，科室，部門去學技術，而我是另類就一直拉板車。當時廠裡還沒有汽車，最大的運輸工具就是大板車，由五個人拉，中間一個人是最費力的叫拉中槓，兩邊各有兩人叫拉「飛蛾」。另外還有很多一人拉的架架車，我因經過修公路的磨練，做搬運也不算吃力。我們的工資大約是十二元一個月的學工待遇。良能也找到一份在苗圃植樹的工作，幸運的是我們倆都留在了成都。一天良能來約我一起去看他工作的地方，那是在成都郊區的一個小丘陵上的苗圃。這裡的工作，比起修公路要輕鬆一些，但工資很少，良能在去修公路前就有一位女朋友，她是良能的老鄰居，在另一所中學高中畢業後考進了一所大專院校。良能將修路掙來的辛苦工資，大部分匯給她讀書用，現在苗圃的工資少，他說想要去搞裝卸工作，錢會多一些。良能一直腸胃不好，我勸他不要去做太重的工作，但他為了愛情還是去了。很遺憾雖然良能為了這段愛情付出了很多，但最終還是沒有好的結果。我和良能在一起有時又會談起我們的遭遇，我們的命運。一次良能說：「我真不知共產黨要把我們推向何方？」這

個問題也經常在我腦子裡盤繞，我說：「用一句共產黨的話來說吧，是要把我們培養成什麼樣的人。共產黨是搞階級鬥爭起家，要實行無產階級專政，我們的父輩是他們專政的對象，現在他們有的已死、有的已逃亡，共產黨無法再對他們進行專政，這樣就輪到我們這一代。」這聽起來是荒謬絕頂的邏輯，但這確實又是我們這一代遺民的遭遇。我們除了感到無可奈何，又能怎樣。

　　我們廠附近有許多其它工廠，如機床廠、量具刃具廠、四零信箱等。下班後總會有一些廠的工會舉辦舞會跳「國際舞」，我們廠裡不少年輕人也愛去，他們也約我一起去玩，但我沒有那個興致。我當時思想非常矛盾，我們拉板車的人自嘲「七十二行，板車為王。衣裳拉爛，頸項拉長」。難道這一生就這樣過下去嗎？不需要再求上進，想起我的姑媽告訴過我，以前我的婆婆帶著我父親和她時，家境並不好，父親靠自己的努力奮鬥，克服很多困難終於考上官費去讀大學。我想在以前的社會，窮苦人家的子弟想要改變自己的命運，可以通過自身的努力去達到目的，而現在我們這代遺民，無論怎麼努力都去不掉這深深的「階級烙印」。但我還是不甘心就這樣混一輩子，最後終於下定決心要做些我認為有意義的事，我拿起書本開始自學英文。我想，你不准我學技術但你不能禁止我讀書自學，你們學的技術我雖然不會，但我學的英語你們也不懂，這也許是一種「阿Q」精神，但這也成了我唯一的思想寄託。當時英文的讀物很少，我就去買英文版的Peiking Review《北京週報》，下班後自學，又自己對自己講英文，也就是自言自語，練習口語。當我要拉架架車「出差」去二仙橋拉鋼材；「府青路」拉焦炭；到「簸橋」拉氧氣；到「天回鎮」拉機油、柴油、汽油時，我就會帶上一個包，裡面裝上《北

京週報》，一到休息時我就坐在路邊，一邊讀報一邊休息。有次剛好有幾個人從我身後走過，我聽見一個聲音說：「神經病」，那到也是，在那個年代有多少人還學外語啊，何況是一個拉架架車的，口裡還嘰哩呱啦的在讀洋文。在大街上拉架架車碰見熟人又會是什麼樣的感觸呢，我從來就不輕視幹體力勞動的人，這大概是從小父母給我的教育，對家裡的工人都非常客氣，記得在家裡的工人從不稱我少爺，都叫我弟弟。我並不認為自己拉板車丟人，只是心裡不服，如碰到熟人，不知該說什麼好。因此我儘量低著頭往前拉車。一天我正拉著車突然聽見有人在叫我，抬頭一看是我的高中同班同學，他已考入四川醫學院，今後要當醫生。他眼裡沒有絲毫輕視我的眼神，他走過來說，「你沒能上大學我很不好受，我的成績並不比你好，都上了大學」。我忙說這都是命運，你上大學是應該的，我很高興。

意外的學習機會

成都量具刃具廠大學畢業證書。

　　一九五九年下半年，我已被調到廠主材庫，當鋸床工，兼庫房搬運，開始兩班倒。一天下班後吃了晚飯，我一邊散步一邊自言自語，George, how are you today?（你今天怎麼樣？）Not too bad but I'm tired.（還可以但我疲倦了。）Why don't you go to sleep.（為什麼不去睡。）I don't want to waste my time sleeping.（我不想睡覺浪費時間。）Then what are you going to do?（那你要做什麼？）Chat with myself and have a walk.（自言自語並散散步。）不自覺的來到對面的「成都量具刃具廠」大門口。那時各廠的大門守衛不太嚴，大概看我也穿著工作服也就不問了。我走進了廠大門，經過車間裡發出轟隆轟隆機器聲響的廠區，慢慢轉到廠區後面。忽然傳來一陣陣英語的朗讀聲，我起初以為是我的幻覺，

但再仔細一聽又確實是讀英文的聲音，我隨著聲音走去，看到前方有一排平房，聲音好像是從一間像教室的屋裡傳出。我好奇地走過去，走到窗邊一看，裡面坐了十多個年輕人，講臺上一位中年男老師帶著明顯的美國口音在領讀。我越聽越感興趣，不覺站到他們下課，才慢慢往回走。回到廠宿舍，我一夜都未睡好，心裡想，這些年輕人怎麼會在那學英文，那教他們的老師又是哪兒的，如果我能去學那該多好。後來只要一有空，那像磁鐵般的課室就將我吸引過去，終於，這引起那位老師的注意。一天課休，他走出教室到我面前和藹的問我，是不是對英語感興趣，我點了點頭，他又問我是哪個車間的，做甚麼工。當我告訴他我是對面軸承廠的搬運工時，他一點都沒有歧視我。他又問我能否聽懂他講的課，又要我讀了一段他教的書，這時他態度友善地請我進教室，坐到一個空位上聽他講課，他講的是「機械英語」。課後他自我介紹說，他的姓名是趙應秋，這是「成都量具刃具廠」廠大學的英文專修班。他說我可以回軸承廠開個介紹信到他班上聽課。我真是喜出望外，不敢相信我還會有這樣的運氣，就讀工廠辦的大學。回到廠裡，找到有關部門，在我保證在廠裡決不耽誤工作後，拿到介紹信，我把介紹信拿到成都量具刃具廠負責職工教育的部門，經他們批准，這樣我成為了成都量具刃具廠大學「英語專修班」的正式插班學生。班上其他同學都是刃具廠的工程師，技術員，那時他們已學了一年。我回到家裡，媽媽見我那從未有過的高興樣，問我怎麼了？當我告訴媽媽這個好消息時，她拉著我的手流出了喜悅的淚水。當時和我在主材庫的同事，一位姓曾，一位姓柳，一位姓劉，大家都相處得好。為了不耽誤我去聽課，有時就請他們代班，有時調班，他們從不說不。我至今

不忘這些好同事的幫助。趙老師的英文非常好,對機械方面的知識,極其豐富。後來才聽說,他以前給美軍做過翻譯,在「反右」運動時也被打為「右派」。

　　一九六○年十月,通過考試我拿到了一生中唯一的大學畢業證書,「成都量具刃具廠大學畢業證書」。至今我還珍藏著這寶貴的證書,我很感激趙應秋老師給我學習的機會,這也給我以後到CMEC和香港工作打下了一個堅實的基礎。

怪病

和成都軸承廠的老朋友重聚，攝於成都人民公園。

　　不久，我又被調去做輔料庫的管理和搬運，還要負責供應全廠磨床，車床的冷卻液（乳化油）。這工作比較辛苦，不論春夏秋冬都要在室外，搭一個灶放上一個鐵桶，然後將我用刀削好的肥皂片、亞硝酸鈉、硬脂酸、純鹼等放進去加水混合起來不斷加熱，不停的用木棍攪動拌勻，再分發給各車間工人使用。炎炎夏日，頭頂太陽面對火烤，我總是赤膊上陣，因此廠裡好多同事都認識我。為了保住這來之不易的飯碗，我年復一年日復一日的重複著這辛苦又枯燥的工作，但也結識了許多好同事，後來成了好

朋友。寧娃比我小幾歲，是和我一起拉過板車的，後來到了成品庫管庫房，胖大嫂、大麼姑、水鬼、李大姐都是成品庫的包裝工，她們有空還幫我削肥皂，我們都屬供銷科管，還有採購員小李子，他們都對我很好，沒有任何歧視，大家相處很好。他們都親熱的稱呼我趙娃兒，到現在我回到成都和他們再相聚時，聽到大家一聲聲叫著趙娃兒，趙娃兒仍倍感親切。

　　從一九五九年開始，國內生活一天不如一天，三年「自然災害」開始，糧食開始定量，按不同工作有不同定量，居民大概每月只有二十一斤。關鍵是油和副食品定量太少，一切東西都要憑票。我因是搬運工糧食定量很高每月三十八斤，成為廠裡被羨慕的一群，當然要拉動大板車是要費力的。工廠幹部只有二十一斤，當時還強行要為國家「自願節約」每人規定自己報，節約多少斤糧，還要表態說吃得很夠。小李子因說真話，吃不飽還遭到攻擊。這時全國出現了一種怪病「水腫病」甚麼藥也治不好，廠裡一位朋友，他是技術幹部因節約後實在太餓，跑去「拿」，工廠附近農民地裡的蘿蔔吃，被農民抓住打了一頓，我有時分點饅頭給他吃。不久他也得了怪病，雙腿腫得走不動了。工廠醫生給這些病人吃「小球藻」，又在浴室用蒸氣熏還是不行。為了能省一些糧，可用糧票去換雞蛋給媽媽吃，我就在所管的輔料庫一個堆放廢料的地方，開了一小塊地種起厚皮菜。因無陽光，菜長得很瘦，但煮來吃還是可以充饑。一天和妹妹去犀浦農村看我姑媽，以前一走進姑媽那竹林圍著的院子，就聽見狗叫，雞鳴，和豬在圈裡的咕咕聲，給人一種和諧的田園感覺。每次我們去時，姑媽總要給我們煮幾個她養的雞下的蛋，我最喜歡吃白糖潦糟蛋，這次走到姑媽家，一切靜悄悄的，院子裡看不見雞，豬圈裡

也空蕩蕩，姑媽沒有煮蛋給我們吃，她傷心地說現在甚麼也沒了，「公社化」吃伙食團，家裡不准養家禽和豬，全部要集體連鍋碗瓢盆都沒了，她說附近農村死了不少人，都得水腫病。過了幾年生活慢慢好轉，怪病也不治而癒。一九六六年我被派到龍泉山「改土」，有時要去接受階級教育，聽農民憶苦思甜，即憶舊社會的苦，思解放後的甜，結果每位農民憶苦就哭訴三年「自然災害」怎麼餓死人，這不誠心要給共產黨抹黑嗎？把組織開會的幹部搞得下不了臺，馬上糾正，叫你們說解放前。可見那三年給全國人民留下了深深的傷痕。

媽媽走了

一九五九年攝於成都，我與姐妹和母親的最後一張合影。

　　一九六一年的夏天，媽媽的病情愈來愈加重了，尤其是這一段時間，媽媽晚上不能躺著睡，一躺下就會咳嗽不止喘不過氣，有時我會整夜坐在媽媽床邊，讓她靠在我身上，這樣她可閉上眼睛稍睡一會兒。她自從父親走後身體就越來越差，在她病重期間，正逢全國處於「自然災害」時期，病情更是雪上加霜，因沒有吃的，媽媽全身水腫。我們只能眼睜睜的看著她病情惡化。因我和久倫都要上很多時間的班，只能讓媽媽一人在家，等我們下班回家才去照顧她。到了八月媽媽已不能自己下床，我和久倫就

輪流請假在家陪著她，我們真不知該用甚麼話來安慰母親，我只好對她講：「媽媽，你比好多人幸福，你年輕時去過好多地方，到過好多國家還繞了地球一周。你有三個兒女都很孝順你。」她聽了以後點點頭。她在病中到臨終前從未提過父親一句，沒人能知道她心裡有多難受。八月二十一日是我一生中一個難忘的日子，親愛的媽媽因病離開了我們，永遠的離開了我們。母親去世的那天，上午是妹妹在家照顧母親，我還未到中午下班時間，突然感覺聽見媽媽在叫我，我是不迷信的，但因媽媽這幾天有時神智不太清楚，不時會無意識的叫我。我馬上就去請假，並請我的同事甯娃幫我看著庫房，借了一輛自行車趕回家裡。等我回家時母親已快不行了，她聽到我的聲音，突然睜開眼睛，伸出一隻無力的手來，我輕輕握住媽媽的手，她以微弱但清楚的聲音對我說：「媽媽捨不得你們，你不要把我埋得多遠，我想挨著你。」不一會她就走了，她帶著對兒女的不捨，帶著一串串的問號和遺憾永遠地離去了，到另一個世界去得到永久的安寧。當天晚上我們的表嫂游姐姐來陪我和妹妹一起守護著媽媽，在那個年代她的到來使我非常感動。我們坐在室外，媽媽靜靜地躺在家裡的床上，我不願相信媽媽真的走了，不時走到媽媽身旁，摸摸媽媽的手，去聽聽她的心臟用手去挨著她的鼻孔，我總希望她會突然醒過來。

母親去世的第二天，殯儀館來了一輛人力三輪車，將母親的遺體運走，這時我才痛哭失聲。親愛的媽媽真的走啦，她悄悄地離開了人世，沒有親朋好友送別，沒有追悼儀式，只有一位以前的老鄰居馬伯母送來一個花圈。後來才知道馬伯母是日本人。第三天，一九六一年八月二十三日的清晨，我的好友吳剛，他是前

面提到過的大娘的兒子，吳剛也是我小學中學的同窗。他一早來到家裡和我一同騎自行車到磨盤山火葬場，好在母親火化前見她最後一面。當時還是用木材和柴油，在一個土爐子裡火化，最後要在灰爐中自己選出親人的骨灰。我同吳剛就在那還是很燙的灰爐中用手尋找著媽媽的骨灰，然後把骨灰放進早準備好的青花瓷罈裡，輕輕放進背包，把親愛的媽媽背在背上，還好燙好燙，踏著傷心的腳步陪媽媽回家。那一刻，除了悲傷，還感到了患難之交的珍貴。阿姐是在母親火化之後才趕回來的，當她看見媽媽的骨灰後失聲痛哭。遵循母親的遺願，我們三姐弟妹商量還是把這房子留下，好把媽媽的骨灰罈放在家裡。妹妹說她工資比我多就由她來付房租費。自從母親去世後，我就感到特別孤獨。以前廠休回到家裡就會聽見媽媽親切的聲音說：「回來啦！」不管多苦多累，回到母親的身旁我就感到極大的安慰。現在回到家裡，只有媽媽冰冷的骨灰靜靜地躺在罈子裡，屋裡冷清清的，想強逼自己靜下來看看書，但一會好像又聽到媽媽親切的話語，她在叫我，「準備吃飯了」。這樣過了一年多才慢慢從傷痛中走出來。現在回想起媽媽臨終時說的話，她要挨著我，難道媽媽早已知道他的兒子會遠離故鄉移民國外嗎？直到現在媽媽和我父親的骨灰還存放在我們美國的家裡，我從未讓媽媽離開過我。

邦瓊走進了我的生活

一九六三年我和邦瓊第一張合影。

　　一九六三年初，我的好友在文從成都工學院電機系畢業了。我和他初中，高中都是最要好的朋友，他以前常來我們家，媽媽也很喜歡他。一天他來到廠裡告訴我他要結婚了，這可讓我大吃一驚，因一個月前他還沒女朋友啊。他告訴我，有人給他介紹了一位名叫世義的漂亮姑娘，是水電校的應屆畢業生，他倆一見鍾情，現他倆都面臨畢業分配，若不結婚就可能各分東西，為了能在一起就得馬上結婚。我真的為好友找到了心上人而高興，在文一定要我去為他的婚禮當主持。一九六三年春節他們舉行了婚禮，那天，我穿上了我最好的衣服，用母親以前穿過的毛呢大衣改成的中長大衣，平時我穿的都是廠裡發的工作服，新發的就當休息日的「禮服」。世義有不少同學來參加他們的婚禮，當時我

怎麼也沒想到，我未來的妻子，與我同甘共苦的邦瓊也是在座的賓客之一。在文、世義婚後在等待分配，他們沒有忘記各自的好友。世義與邦瓊從小是鄰居好友，又是木行小學和六中的同學，邦瓊的母親也已去世。在文和世義覺得邦瓊和我會成為好朋友，因為我們有相似的命運。

一天世義約我去她家玩，她買了三張電影票，原本是世義、在文的弟弟在勇和我一起去看的。不一會，一位臉色紅潤，非常文靜的姑娘剛巧也來看世義，世義給我介紹，這是她的好友邦瓊。世義就委屈在勇，讓他不去看電影把票給了邦瓊，我們三人到和平電影院看了一部叫「馬藍花開」的影片。世義坐在我同邦瓊中間，她不停地小聲給我介紹邦瓊的情況，不時又同邦瓊交談兩句，一場電影結束，我除了片名甚麼也沒搞清楚，但邦瓊倒給我留下了很深的印象，我喜歡像她那種文靜的姑娘，邦瓊在一家織布廠當織布工。不久，在文、世義被分配到江油電廠。我給邦瓊寄出了第一封信，希望同她交個朋友。等啊等，盼啊盼，終於得到了邦瓊的回信。我告訴了邦瓊我的家史和遭遇，她從世義那

一九六三年好友在文、世義結婚，我與在勇和他倆合影留念。

裡已知道一些，我沒想到看起來是那麼文靜，善良，還帶著羞怯的邦瓊，竟是一位富於同情心，有正義感，好打報不平的姑娘，我們開始戀愛了。我問邦瓊，在世義、在文的婚禮上，她第一次看見我時，給她留下了什麼印象，她說：「你好瓜」（好傻）。

　　一次我帶她到華西壩的舊居看看，一進門一股黴味撲鼻而來，家具上都是灰塵，天花板的牆角還布滿了蜘蛛網，她立即把窗戶打開，著手打掃起來。邦瓊的出現給這已變得冷清的屋子注入了一股起死回生的溫情，讓這久未住人的房間又有了家的感覺。我的鄰居還以為我把房子出租給別人了。此後，我們就常常回家去看書聊天，我們的感情也一步步加深，我們決定要結婚了。在當時的條件下，我們沒有經濟能力去買任何新的家具，就連床也是媽媽睡過並在這床上去世。邦瓊一點也不計較，她說這是你最親愛的媽媽用過的床，我們結婚用有什麼不可以。一九六四年四月十八日我們在華西壩的家裡舉行了婚禮。那時我們的工資都很少，我和邦瓊的工資加到一塊也不到五十元，還好物價也算低，我們收到了親友的賀禮。大娘、阿姐、邦瓊的二哥、久倫，各送了三十元的現金，我同邦瓊廠裡的同事也分別湊份子送了必需的日用品，好像鍋碗瓢盆、鏡子、糖缸等。邦瓊的乾媽和吳姨媽各送了我們一床被面，而被裡同棉絮都是用舊的重新拼湊起來的。因房間很小，婚禮那天，同事甯娃還特意來幫忙把室外也牽上電燈，讓賓客同歡。小李子剛好出差，也特別從上海發來賀電。中午，我們在北門的「廣福食」宴請長輩，邦瓊的父親、乾媽、姨媽、舅舅，我的姑媽、大娘、吳姨媽也來了。晚上，我們準備了糖果、香菸，來了幾十位賓客，有親戚、好友、同事、同學還有鄰居，好不熱鬧。記得當時糖果還要票證，一張

票買一斤，因此我們特別選購酥心糖，一來量輕，就可有多一點顆數，二來又好吃。婚後，我和邦瓊過了兩年溫馨而平靜的生活。「鄭家花園」裡有許多花草，不時管理花園的向爺爺會突然從窗外遞進一束鮮花，真是詩情畫意。有時邦瓊還跟我學一點英文，到了年底工作較忙，我將庫房報表帶回家，邦瓊幫我一起做，她還常常做我愛吃的湯圓當夜宵。邦瓊雖然從未和我的媽媽見過面，但每年在媽媽生日那天，邦瓊總要把媽媽從櫃子裡請出來，以鮮花來紀念媽媽。我相信如果媽媽還在，邦瓊一定是一位媽媽喜歡的孝順乖媳婦。一九六六年，在邦瓊乾媽的勸說和承諾幫我們照看小孩後，邦瓊懷有了我們第一個孩子。有邦瓊在身邊，加上我們的小寶寶將快來臨，使我們都沉浸在歡樂和幸福中，暫時忘卻了以前的不快。

法西斯專政

　　幸福不長久，誰也沒想到，另一場更具毀滅性的政治風暴又將襲來。一九六六年毛澤東親自策劃和導演的，「無產階級文化大革命」來勢兇猛，不僅把毛的所有政治對手打翻在地，再踏上一腳置於死地，更是殃及全國民眾。我這個「反動官吏」的後代，雖已生活在社會的最底層，也逃不過這一劫。當年下半年，我被廠裡調到龍泉山去改土。在山區，已常有學生路過，說是搞串聯的從北京來。那時邦瓊懷著孩子，還要上夜班，我也不能照顧她。到了一九六七年二月，我們的兒子出生了取名「新」。邦瓊的乾媽，雖然已有四個孫兒女，女兒女婿工資也低，但他們還是免費帶我們的孩子，我們只給牛奶費。

　　文革初期，紅衛兵在「造反有理」、「破四舊」的運動中，把整個國家社會的正常秩序打亂。紅衛兵到處抄家，破四舊，揪鬥「資產階級反動學術權威」和各種牛鬼蛇神，各式各樣的大字報滿天飛。一天我和邦瓊路經離我們家不遠的一條街「公行道」，看見我小學同班同學的家正被「紅衛兵」抄家，他的籍貫是臺灣省人，他的父親年輕時就到大陸來求學。他的母親是華西大學最早的牙科女博士，只見他們家大門敞開，帶著紅袖套的人穿梭似地進進出出，把他們家裡能搬走的所有私人物品都搶走，我們看見幾個人正在用繩子從他們的樓上露臺把大床和衣櫃往下放。我同學的父母都被揪鬥，他的母親還被扭斷了手臂，剃了

「陰陽頭」人格受到嚴重侮辱。隨著運動的升級，到處都聽見高唱「革命不是請客吃飯，不是做文章，不是繪畫繡花，不能那樣雅致，那樣從容不迫，文質彬彬，那樣溫良恭儉讓。革命是暴動，是一個階級推翻另一個階級的暴烈行動」的毛澤東語錄歌。工人也開始介入，文鬥也變成武鬥，從開始的辯論到動手，再到用棍棒，最後發展成用真槍實彈，坦克車，大炮，都出動的群眾互相殘殺。一個比我班次低的小學女同學，在成都一工廠工作，她參加了工廠裡一個叫「紅衛東」的造反派組織，是那個組織的救護隊成員，一天這個組織的一輛自製坦克和對立派激戰後，被卡在一堵牆上動彈不得，坦克裡有好些個人，想跳出來逃生，結果對立方毫不手軟，出來一個就用槍打一個，她舉著有紅十字的旗去救傷患，不幸也被打死。造反派在大街上狂呼「為毛主席而戰，完蛋就完蛋」，武鬥雙方都自稱是保衛毛主席，全國陷入了一種瘋狂的狀態。只有少數策劃這場大劫難的罪魁禍首心裡明白這一切為了什麼。那時人人要手持一本毛語錄，稱為「紅寶書」。毛的親密戰友和接班人林彪說，毛的話一句頂一萬句。一天邦瓊憑肉票去排隊買肉，輪到她買時，賣肉的突然冒出一句「大海航行靠舵手」邦瓊愣了一下忙答「幹革命靠毛澤東思想」這才把肉買到。她回家告訴我說，當時好緊張，若答不對就白排隊了。她問我知不知道該這樣答，我搖頭說，我肯定會說：「萬物生長靠太陽」。這時我想著六〇年代初，我在庫房邊一塊無陽光照射地裡種的瘦瘦厚皮菜。無數政治運動的經驗告訴我，我也很難倖免的。

因此，在文革初期，就把家裡的舊照片清理出來燒掉……。我燒掉的都是歷史的軌跡啊，是我們生活的記錄啊，裡面有我父

親就讀黃埔軍校四期和參加北伐的英姿，有我們全家在英倫時的溫馨家聚……，一切一切，凡是我同邦瓊想得到，可能成為紅衛兵、造反派心目中「四舊的」、「反動的」都扔進了火裡，讓歷史隨著熊熊燃燒的火焰，灰飛煙滅。家裡還珍藏著一把沒有鋒刃的劍，那是我父親在英國倫敦任外交官時，逢英國皇室舉行宴會，邀請各國外交官出席時佩戴的裝飾劍。我們一直將它當著一件藝術品珍藏著，這時我真不知道應該怎樣處理它。於是去求助吳姨媽的女兒學素姐，她是我所認識的朋友中唯一一位共產黨員，時任成都市西城區衛生防疫站站長。她告訴我「你就把這劍交給你廠裡的黨委，這就證明你和「反動家庭」劃清了界線，又證明了你相信組織相信黨。聽了她的建議，我就把佩劍拿到廠裡，當面交給了廠黨委劉書記。劉書記說：「你這樣做很對，和反動家庭劃清界線，也相信組織，你留著這東西也沒用。」一切不出學素姐所料，把這事處理好也就安心了。

一九六七年改土回廠後，我被認為不適合在輔料庫工作，就被分在鋼球車間去學車床。我心裡反而高興，因終於可學技術了。我的師傅姓嚴，是技校畢業的技工，他是共產黨員，對我不錯，耐心教我

我和嚴師傅合影。

技術。雖然外面在搞運動，我在車間還是專心學技術。一九六八年，這時運動發展到「清理階級隊伍」又叫「清隊」的階段，很遺憾我只能稱這是法西斯專政時期。工廠也出現了關押所謂「牛鬼蛇神」的「牛棚」，我視之為集中營。每天都有人被揪鬥然後

被關進「牛棚」，他們大都是四五十歲以上年齡的人，都是因為各種歷史問題。毛澤東當時講，壞人只有一小撮，大概有百分之五，我們一個廠有千多人，按百分之五也要有幾十個「壞人」。這時的口號已是「要颳十三級颱風，把所有階級敵人和牛鬼蛇神通通揪出來。」我當時還想，「清隊」的主要目標是叛徒、特務、死不悔改的走資派、反革命分子，沒有改造好的地、富、反、壞、右分子。在「解放」時我才十一歲，還帶過紅領巾，又沒個人歷史問題，並且從不談政治，更沒有反黨，反社會主義言論，應該沒問題吧，但我大錯而特錯。

一九六八年年底一天，全車間的人又都去開會，但就把我留下繼續在車床上工作。我的直覺告訴我要出事了。果然，不一會嚴師傅神色緊張的跑來叫我去開會。當時我手上還拿著擦手的棉紗，嚴師傅叫我快點，會場設在另一個車間裡。剛一走進去，就證實了我的猜想，只見用鐵絲牽起來的線上掛著用白紙黑字寫的橫標，把國民黨的孝子賢孫趙久安揪出來。大家的眼睛都射向我。這時候，兩個民兵過來把我的雙手反背，頸子上掛了一個牌，上面寫有「國民黨的孝子賢孫」，把我推到前面，並用手按著我的頭，要我在群眾面前低頭認罪，這時下面也口號不斷「打倒國民黨的孝子賢孫」，老實交待，坦白從寬，抗拒從嚴。我一時被搞到暈頭轉向，接著，一位共產黨幹部上來「揭發」我的罪行，說我將一把國民黨的軍刀藏在廠裡的庫房裡，被民兵發現。這是私藏武器，準備反攻倒算的鐵證，這真是欲加之罪何患無辭。在同一時間，廠裡的民兵已去抄我在華西壩的家。會後，我被押回家，清點了幾件衣服，再押回廠關進了「牛棚」。晚上邦瓊下班回家一看，門窗大開，家裡亂糟糟的，天花板也被撬

開，又不見我，就知道我出事了。那時我們的第二個孩子，女兒「華」才剛八個月大。第二天，邦瓊抱著女兒到廠裡來看我，當時，關在牛棚裡的人是不能見家屬的，但邦瓊是一位從不向強權低頭的人，最後她還是見到了我。她要我放心，會好好照看好孩子，看到有這麼忠誠和支持我的妻子我好受多了。邦瓊是一個非常有同情心，感情脆弱的人，但在這次運動中，她從未掉過一滴眼淚。邦瓊對那個在批鬥我時，滿口胡言的共產黨幹部恨之至極，她準備寫一封信去質問這個滿口謊言的卑鄙傢伙。但她的一位同事勸她，說你寫這信去罵他一頓是可以出一口氣，但你愛人會受更多折磨，這樣邦瓊才忍下這口氣，沒把信寄出。

在第二次批鬥我前，我們車間基幹民兵隊長，他姓張，當過幾年解放軍，大家對他的昵稱是「土匪」，他悄悄的告訴我，在你家甚麼也沒抄到，只有些照片，都不打緊，他們若亂說，你不要怕。在當時他說這樣的話，如被告發是會被關進「牛棚」。「土匪」出身貧農，沒讀甚麼書，但他那淳樸善良的本質，讓他仍能分清是非。其實，我們那只有十四平方米的家，有啥沒啥我最清楚。果然，在後來的批鬥會上有人揭發我說，在我家抄出了「國民黨黨史」，還有英文書，那都成了我想復辟的罪證。最可笑的是那本所謂的英文書只不過是一本英文版的毛語錄，那是在文革期間我在新華書店買來學英文的唯一讀本。當然我學英文也是罪狀之一，而那所謂的「國民黨黨史」我至今還未見過。我們這些「牛鬼蛇神」，每天一早就要去到廠大門，頸上掛著用鐵絲擰好的鐵牌，上面寫著各自的反動身分，站在高板凳上低著頭，一直等到其他職工都進廠到車間，科室去「早請示」和唱「忠字歌」時，我們才被押到毛的大像前被強迫跪地向毛「請罪」，若

被認為跪得不好，就會被拳打腳踢，這是我一生所受到的最大侮辱。我看過電影《華沙一條街》，裡面的猶太人被法西斯份子押著去做苦力，他們被迫戴著和我們「牛鬼蛇神」相同的白袖套，但他們也沒被迫跪在希特勒的像前請罪。這種法西斯式的所做所為，用共產黨自己的慣用術語講來就是，「比起希特勒來有過之而無不及」。我們在那些民兵的看守下，帶著那白袖套，幹著最髒、最累的活，他們看你稍不順眼，就拳腳相加。當然也不是所有的人都人性泯滅，還是有像「土匪」一樣的善良的人，每次廠裡開批鬥會，我們這些「牛鬼蛇神」都會被掛牌押到會場低頭挨批幾個小時。從牛棚押到會場都會被民兵將雙手反背狠狠的往上猛提。這時總有一個人快速走到我身邊說：「快把手背過去」然後輕輕的提著我的手，悄悄對我說，我怕小青年不知輕重，弄斷你的手。他就是我們車間的基幹民兵余師傅。還有一天我正在一個角落幹活，身後突然一個人影閃過，只聽見一個聲音：「趙娃，你是被冤枉的。」等我回過頭望過去，看見一個背影，好像是大么姑。像這樣讓我感到安慰的事雖然不多，但善良的人，所做的點點滴滴讓我永生難忘。在那荒唐、瘋狂的年月，什麼樣的事都可能發生。一個昨天還對我們耀武揚威的民兵，哭喪著臉也關進了「牛棚」，成了同我們一樣的「牛鬼蛇神」，原來他在一張不要的標語上練寫字，怎知一不小心隨便找空白處寫上幾筆，但讓有心人上下一連，成了一句「反標」，就這樣糊裡糊塗的由「革命」變了「反革命」。和我關在一起的還有廠黨委劉書記，就是收我佩劍的那位。他的罪名是廠裡最大的「不知悔改的走資本主義道路的當權派」。我問他，我是不是把佩劍交給他的，他說是，但現在他也說不清，沒人相信他。我也覺得他好委屈，他

真的知道什麼是資本主義嗎？他又沒在資本主義制度下生活過，但在那個年代，要說你是啥，你就是啥，沒人分析，沒人思考。我帶的罪狀牌，不知從何時變成了「國民黨駐英大使的孝子賢孫」。一天，我們掛上罪狀牌被押到廠區對面的宿舍區打掃廁所。忽然，一個路人驚叫道「看，還有一個駐英大使！」我低頭一看，因罪狀牌帶得太久太久，長時間磨損，「孝子賢孫」被磨得看不清了。

在我關押期間，只要准許家屬探視，邦瓊一定帶著我們天真可愛的女兒來看我。雖然我們很窮但邦瓊都會省吃儉用，總要做一個有肉的菜或去館子買一份肉給我送來。我在一九五八年修工路時學會了吸菸，當時我常抽的菸是紅花，經濟，最好的是紅芙蓉，邦瓊就用全家的菸票買最好的菸給我。邦瓊不僅在物質上儘量給我最好的，在精神上更給我無限的力量，讓我度過

兒子天新（前排中）和邦瓊乾媽的四個孫兒女攝於成都。

人生最難熬的困境。我們的兒子在乾媽家，一次街道積極分子對乾媽說：「聽說這娃兒的爸是牛鬼蛇神，被關在牛棚，你還帶這狗仔子。」乾媽氣急了說道：「他爸的事，關這娃娃啥事。」偉大領袖不懂的道理，一個不識字的老太太都明白。乾媽一家冒著隨時有可能受牽連的危險，不顧旁人的閒言閒語，在自家生活都非常艱難的情況下細心照管我們的新兒到五歲。乾媽的女兒女婿對新兒比對自己親生兒女還更疼惜，他們的兒女也待新兒像親兄

一九八九年沙田家裡，邦瓊的乾媽和她的女兒來香港。

弟般。我的兒子常談起，在媽媽（乾媽的女兒）下班後帶著四個
哥哥姐姐去附近第二人民醫院的鍋爐房外面去拾「碳花」（未燒
透的煤碳）回家做燃料，和取暖用，他們不要他去，說他太小會
被「碳花」燙傷但他還是要跟著去，有時不小心，鞋也被燒破，
這也培養了我們兒子的勤儉習慣。直到現在我們仍然親如一家，
一九八九年，我們全家把邦瓊的乾媽及她的女兒，我兒子稱她媽
媽，接到香港來玩，她們對我們的情義是怎麼也報答不完。

　　在惡劣的環境裡我得了肺炎，廠醫務室的一位醫生在文革前
同我關係不錯，這時他是位造反派的小頭目。他建議應該放我回
家休養，就這樣我的「牛棚」生活結束了。等我病好了回到廠裡，
我向牛棚走去，但被告知現在可回車間勞動。被關在「牛棚」裡
的人也都不了了之的一個個回到車間，「牛棚」也就此消失。

我的日本朋友

邦瓊與天華和我們的日本朋友馬伯母，攝於沙田家裡。

　　一九六九年的某天，我們中學路院裡進大門右邊的兩間小屋有新人入住，原來是以前的老鄰居，就是在我母親去世後送來花圈的那位馬伯母，她四川醫學院的教授丈夫被逮捕抄家後，她從一個他們以前居住的獨院被攆到我們院來住。她的兩個孫兒女也和她一起，馬伯母待人和藹並非常有禮貌。她的兒子是我小學同學，一九七〇年的一天，邦瓊下班時，快走到家門突然看見馬伯母戴著手銬被公安押走。後來有人說她是日本間諜，她被判勞改。一天她的兒子來，將她母親僅有的一點東西處理掉，他拿著幾個日本製瓷盤到我們家，說想暫放在我們這裡，我告訴他，我們已被抄過家，他說不要緊，不久聽說他也被判勞教。

　　一九八〇年一天，馬伯母和她兒子突然出現在我們家門口，說來看我們，並請我們到他們新居去玩。這一切來得太突然，我

們忙請他們進屋坐，我不好意思地告訴他們，幾個盤子都已打壞。他們忙說不要緊，不要緊。我們跟他們一起去到他們在新南門的新家。哇！真是一個名符其實的新居，從家具到床上用品沒有一件不是新的。對啊，他們剛被從監獄放出來可說是一無所有。最使我們感興趣的是他們廚房裡的煤氣罐，當時大多數成都人還在使用蜂窩煤做燃料，馬伯母說，我告訴政府，我們用蜂窩煤就可以，但他們說那不適合你們用。我越聽越糊塗，怎麼勞改都適合，燒蜂窩煤卻不適合。這時馬伯母才告訴我們，過幾天他們日本的親屬，好像是一位學者和他的夫人要來成都看他們。馬伯母、她兒子和丈夫都已得到「平反」，遺憾的是她的丈夫已在獄中去世。他們不久就要回日本定居，這時我才恍然大悟，原來是做面子哦。我不禁又想起一九六六年，柬甫寨國家元首到成都訪問，要經過人民南路，但人民南路一側只有一排簡陋的兩層樓房，為了做面子就在這兩層樓舊房外，趕造了一排三樓房，從外面經過看看還可以，但不能居住，因只有一層外牆和窗戶。一九八三年當馬伯母知道我和我父親聯繫上，並去香港和我父親團聚，她兒子從日本給我們寫了一封信。

　　久安葉姐，得悉你們順利抵港，與分離了三十四年的親人重逢，家母和我都極感欣慰，謹致以衷心的祝賀，家母說趙久安一家都是好人，好人終歸有好報的。感謝你們平時對我孩子的關心，希望新、華、平、玲他們能將老一輩的友情繼承下去。

　　（新、華、平、玲，是我們兩家的孩子。）

後來馬伯母還到我們在香港的家來作客。以後才聽說他們之
能找到親人也有一段故事。馬伯母直到她丈夫去世，她被捕前不
久，才將家史說給兒子聽，我的同學才知道自己是日本人，而且
還有親屬在日本。在我同學勞教期間，一天他在外面勞動結束回
牢房的路上，突然看見有一小張撕掉丟在地上的報紙，他把報紙
踩在腳下，等管理人員不注意時趕快撿起來放在衣服口袋裡，等
進入牢房才拿出來看。原來是一小張從「參考消息」上撕下來的
報紙。當時只有一定級別的幹部才可看「參考消息」。這種報
紙，犯人更是絕對不准看。他好奇地讀著這一小頁紙，突然看見
一則國際消息，說日本某專家到國外參加學術交流，他一看這正
是他母親曾告訴他的叔叔名字，這難道不是天意嗎？後來他怎麼
輾轉和他叔叔聯繫上他就沒說。

一位著軍裝的來客

我和好友壽成攝於成都。

　　一天下班回家，聽鄰居說，有個穿軍裝的人來找我，聽到這消息，不禁又使我緊張起來，我問鄰居是不是派出所的人，鄰居說不是，是軍人。我想了很久，我沒有當軍人的朋友，鄰居還說這人對這還挺熟悉，還問起我的母親。最後帶著一種留戀的樣子在院子裡走了一圈才離去。聽後我心裡更不踏實。第二天下班回家，那軍人又來了，一看真是喜出望外，原來是我的小學、中學的同窗好友壽成。他在四川醫學院就學，怎麼又穿上軍裝來？原來他從四川醫學院被選派到中國醫科大學去學習，畢業後分到空軍醫院。這時在軍醫大學工作，是回成都來探親。壽成家是貧農，我們從小在一起學習，玩耍。放學後他要放水牛去吃草，我們還一起騎在牛背上玩耍和做功課，牛尾巴不停的擺動驅趕牛蚊子有時打在我們腿上還有點疼。騎在水牛背上，看著周圍的田

園風光，就想起了我在英國時看過的《大鼻子》那本畫冊。有時我們一群同學放學後一起到華西後壩的大草坪，把書包放在地上當球門，開始比賽足球，一直踢到滿身是汗，鞋子開口還不想回家。我們的班主任是學校的教導主任羅善瑩老師兼任，她和另外幾位年輕的女老師都剛從女師畢業，那時老師同學之間關係非常好，老師對每個學生都瞭解並關心，同學們也非常尊敬老師，還把老師當朋友。這些童年往事從我腦裡一閃而過，我馬上回到現實。我告訴壽成，我是被揪鬥的，又關過牛棚，請他最好還是不要和我來往。壽成聽後對我講：「我不怕他們說你是甚麼，我只知道你是我朋友，是個好人。」聽了他的話，讓我好感動，有這樣的朋友人生也無憾了。

直到現在我們都已步入老年，每次我回到老家成都，壽成和我就會在一起回憶少年時代的往事。我們還約小學同班同學和羅主任一起聚會，這也是我們最大的享受。

和小學老師及同學聚會，攝於成都南郊公園。

大動盪

我和老朋友葉師傅攝於上海。

　　從牛棚出來不久，我又回到了鋼球車間，開始是掃地和搬運，後來又要我去車床上工作。當時車間來了一臺一‧二五米的立式車床，價值約五萬元人民幣，嚴師傅要我去同他一起操作這臺當時是全廠最貴的機床。工廠同時也招收了一批知識青年，超齡生。我也開始帶學工，他們都稱我為趙師傅，學工們對我都很尊重。他們也很努力，勤奮，大家相處很好。直到現在我回成都大家還要聚會。一次，因不小心，機床出了事故，導致一根主軸變形。因我是師傅，就有很大責任，立刻就有人想到我的背景，想要調查是否有意破壞。因此，保衛科的也來調查，機修組的葉師傅來檢查，我當時同他也不是很熟。他檢查後對那些調查的人說，問題並不很嚴重。他要我放心，保證二十四小時內讓車床恢復正常運作。果然經過葉師傅連夜加班，加上他的高超技術，車

床恢復了運轉。我又免去了一次災難。我非常感謝葉師傅，後來我們成為朋友，至今還有聯繫。當時像我這樣背景的人隨時都在不安中生活。一天，我們的車間主任，他是共產黨員，走到我面前，手裡拿著一份「參考消息」指著問，這是不是你父親，我看了看說：「名字是，但不知人是不是。」我已學會保護自己，如回答是，麻煩就來了，你怎麼知道是他，你們還有聯繫。

　　一九七六年是大動盪的一年。一月八日周恩來先生在北京去世，七月六日朱德先生在北京去世。七月，車間派人到哈爾濱軸承廠、瓦房店等軸承廠學習。當時我是立車師傅之一，因嚴師傅不去，廠裡就派我去，我是非常愛旅遊的，大概是受小時候的經歷影響吧。自從一九五七年到北京應考和五八年到西昌修路，我就再沒去過其它地方。有這樣一個機會我當然也高興，我們一行四人，有位技術員，另一位師傅和我，再有「土匪」帶隊，那時，他好像是車間革委會副主任。

九〇年代我和前軸承廠學工聚會。

唐山大地震

我們乘火車在七月二十七日抵達北京，準備第二天去買火車票去哈爾濱。我們住在北京一家旅館的四樓，睡的是上下鋪。七月二十八日凌晨三點過，在睡夢中突然地動山搖，我的床都移位了。大家睡得懵懵懂懂，不知發生何事，只聽人聲嘈雜，大家顧不上穿衣，穿鞋，拼命往樓下跑，有人在驚叫原子彈，男男女女衣衫不整，都湧到一

北京天安門留影 1976.7
我在唐山大地震前一日，攝於北京天安門廣場。

樓大門前，但大門被旅館的「首都民兵」用鐵鍊鎖住。當時非常的混亂，有的人大喊大叫，在廳內擠成一團。就在這慌亂中，外面有一位汽車司機，用一根用來發動汽車的鐵棍將玻璃門敲碎，我們才得以從裡往外跳出逃生。當時我打著赤腳踩在門框上，後面的人一拳將我打了出去。等回過頭來才看見門框上仍留著好多尖銳的玻璃，但很奇怪我的腳沒受一點傷，大概是還未在門框上站穩就被後面的人推到外面了。到了外面，定定神心想，離開成都時成都也在鬧地震，好多人都在室外搭棚防震，要是這是成都地震的震波，成都一定完了。當時想打電話回成都也找不到電話，只有乾著急。

好不容易等到天亮，才聽說是唐山地震。而旅館為了安全起見不准住人。我們在旅館外等著叫名字好進去取出自己的物品，這時又發生了餘震，我是站著的，一下感到地變得軟軟的，站不穩，我趕快蹲下去，坐到地上，還好幾秒鐘就過了。當輪到我們回旅店去取回行李時，遇到「首都民兵」盤查，於是就由領隊「土匪」出面交涉，因他普通話講不好，加上首都民兵的態度也差，經過一番盤問，「土匪」已不太耐煩，好不容易，民兵同他說了一句北京土話：「明兒見。」表示通過放行了，但「土匪」聽到一個「兒」音，以為民兵在罵他。因在四川方言裡，好多帶「兒」的語句都帶有羞辱人的意思。於是，他就用四川話回敬一句「八寶山見」，因四川人在氣憤時常咒人死，愛講一句「火葬場，停屍房見」之類。不料，革命警惕特別敏銳的首都民兵聽到了「八寶山」幾個字立刻火起，「八寶山」何等神聖的地方，是能隨便脫口而出的嗎？於是，馬上提高革命警惕，將「土匪」抓了起來。我們的領導被抓，大家急得像熱鍋上的螞蟻，到處找人解釋是場誤會，終於在下午把「土匪」放了出來。我們被旅館民兵分批帶回所住的房間，去取各自的衣物，看見房間的牆壁上有很深的裂縫。從旅館出來，我們一行趕快去尋找棲身之處。走到中山公園，找到地方露宿。正在這時烏雲密佈天色突然暗下來，下起了傾盆大雨，真是禍不單行。我們看見有一個亭子裡面有一些人，就跑過去想躲躲雨，沒想到亭裡的人很兇地叫我們走開！走開！這是我們佔的地方。我們只好又走到雨中去。

因這場地震，買不到火車票，我們又不得不在北京多住了好幾天，我就抽時間去看平衡、俊龍伯伯兩家。李伯伯和伯母都蒼老多了，面帶愁容，聽說俊龍伯伯被打成右派，我沒見到他。李

伯伯和李伯母見了我，都說這麼亂，你跑出來幹什麼？快回家去。李伯伯家也遭遇很大不幸，他的長子在被殘酷鬥爭後全家服毒自殺，連他的小孫子也未能倖免。我在想，平衡伯伯和他兒子是五〇年代自己從美國回大陸，俊龍伯伯是一九四九年去參加國共和談留在北京未走，卻都遭遇到遺民的悲慘命運。難怪，最瞭解我父親脾氣的平衡伯伯這次要說：「你父親走對了。」看了平衡伯父後，我心裡感到非常沉重，我想他們一家的遭遇，是因為愛自己的祖國──中國，才選擇了從美國回到北京，他這次說，我的父親走對了，難道他自己選擇回大陸是錯誤的嗎？如果答案是否定的，那又是誰錯了？我和兩位老人告別時，李伯母還送了我一斤白糖，這在當時是很珍貴的東西。

我還到清華大學去看我們成都房東夏先生的大女兒，她在中國地球物理研究所工作，她熱情的接待了我，請我吃了一頓很好的晚餐，又讓我沖了個涼，大姐還告訴我，有可靠消息今晚不會有地震，讓我在房間裡的床上放心睡一覺。

在去哈爾濱的路上，在長春停了一天。我們到長春火車站時已是晚上，下車後，被叫到一個候車室坐在地上。原來是解放軍在戒嚴，不准進出車站。不一會，一輛火車進站，只見穿著白色制服的救護人員抬著擔架，救護車、卡車來了很多。我們想站起來看看裡面的情況，但一站起來就被解放軍大聲喊叫：「坐下，坐下不准站起來。」車上抬下來的是唐山地震的受害者，死的活的都有，真讓人見了觸目驚心，非常難過。大概為了保密，不准人看。

曙光

　　這次出差去了北京、瀋陽、長春、哈爾濱、大連、瓦房店、上海、武漢等地，沿路所到之處都是一片蕭條，人們的臉上看不見笑容，物資供應奇缺。我們在去東北前，在北京買了一點粉腸好在路上吃，到了哈爾濱，晚上我們幾個人找了一家小麵店去吃晚餐，走進店裡一看，有幾張方桌，只有一張坐有三個老工人模樣的人在那喝寡酒[1]，我們找了一張桌子坐下，一人要了一碗麵，又拿出各自吃剩的粉腸吃起來。這時喝酒的三個老人都調過頭來看著我們，有一位老頭走到我們桌邊坐下來，用沙啞的聲音問我們從哪來，我們說是從成都來，到這裡出差。他問，你們成都生活怎麼樣，我們說還過得去。他指著我們吃的粉腸問，成都帶來的嗎？我們說是在北京買的，他說很久未見過這了，又問好吃吧，我一聽就知道他一定想分一點吃，就說這是我吃剩的已弄髒了，要不然我會請你嚐嚐，他忙說不要緊，怕什麼髒，我就用手分了一點給他，這時另兩個老頭也走過來，我們又分了一些請他們吃，他們直說謝謝，並說味道不錯。這時一個老頭打開了話匣子，他說，我們都是退休工人，我們這輩子命苦，在日偽時期，不用說了，國民黨來了還是苦，現在就更苦，我們聽到這都嚇了一跳，趕快起身走了，怕他會再講出些什麼。在出差途中，因我

----

[1] 即沒有配下酒菜。

是「帶罪之身」不免會有人另眼相看，那位同行的年輕技術員在遇到要去排隊買火車票、船票等事時，就會以命令的口氣叫我早起去排隊，平時對我也非常不客氣，有一次我忍無可忍還和他頂起來。事也真巧兩年多後，他竟成了我電大班的學生，我對這年輕人的行為一點也不計較，和對所有同學一樣的關心他，他對我也很尊敬了。

出差任務完成後，我還請假順道去襄樊，看我十多年未見的阿姐。她顯得非常憔悴，見了我就傷心的流淚。我和阿姐帶著她的兒子和女兒，去襄樊城裡找了一間照相館留影紀念。照相館裡佈了景還掛了一幅字畫上面寫著「到處鶯歌燕舞，舊貌變新顏」我真不明白這說的是什麼地方。到襄樊的第三天即七六年九月九日下午，我正帶著我的侄兒軍軍在看四川青年足球隊的一場比賽，該隊費教練是我小學同班同學，比賽正在進行，我和同學在聊天，突然廣播響了，停止比賽，接著奏起了哀樂，並宣佈毛澤東先生去世了。已被神化了的全中國人民的「爹」突然去世

一九七六年我和阿姐及她的兩個孩子攝於襄樊。

了，在這樣一個家長制專橫，一言堂的社會制度之下可是一件了不得的大事。現在該聽誰的，誰說了算，我感到茫然。我姐姐，姐夫都要去參加本單位的追悼會，他們說我也應該去，要不他們同事知道他們的弟弟在這不去參加，會被認為不忠於毛澤東。說句心裡話，我對毛澤東先生的死，一點也不悲傷，我為什麼要悲傷呢？我的悲從何來。襄樊的夏日氣溫特高，走進了站滿了人的追悼會場，就已經感覺氣悶。追悼會開始，奏起了哀樂，大家低著頭默哀，哀樂奏完，單位領導，黨內到黨外，上層到基層一個個發言，沒人宣佈默哀畢，大家也不敢抬起頭，我心裡想難道我們就要這樣永遠默哀下去嗎？這樣站了好幾個小時，地上濕了一大片，是淚水？是汗水？是它們的混合液？誰也搞不清。但我心裡明白我只有汗水。突然我覺得現在的場景，我是那麼的熟悉，我想起來了，在被揪鬥開鬥爭會時，不就和現在的感受很像嗎，只是那時我的項頸上多了一個用鐵絲掛著的鐵牌，標明我的「罪惡身分」。那時我是面對廣大「革命群眾」「低頭認罪」，而現在是低著頭對著毛先生的遺像「默哀」，但有一點比以前要好，那時每天要跪在毛先生的肖像前向他「請罪」，現在他死了我可以站起來了，但還不能抬起頭。奇怪沒有人中暑暈倒，這大概是神的意志。過了幾天我就起程回成都，途經重慶時我去看我乾爹乾媽，才知道我乾爹已於一九六九年去世，乾媽身體也很差，告別乾媽時，乾媽送了我五元錢，這也是我最後一次和她見面。這次出差對我來說真是不動就不動，一動就天翻地覆。我的命運又要改變了嗎？回到家見到邦瓊和孩子們都平安，就放心了。邦瓊還告訴我一件娃娃們的事，毛先生去世那天邦瓊下班回家見新、華倆兒已戴上手孝，大吃一驚的邦瓊罵他們：「兩個死鬼子，誰

要你們這麼早就戴手孝，別人還以為我們想他死，早就準備好了。」原來兩兄妹聽到院裡積極分子哭天喊地，說偉大領袖去世了叫大家去準備手孝，就在家裡找出邦瓊乾媽的女婿去世時，我們戴過的手孝，自己戴上了，兩個天真的孩子弄得媽媽哭笑不得。兩個孩子還給我講了一個地震的笑話。我出差後成都地震愈鬧愈凶，連住在平房裡的人也不敢在屋裡住。我們三十九號的大花園也被一個預製板廠所佔，花園裡，以前種的果樹花草都成了堆放預製板的場地。兩個孩子也要媽媽在外面，搭一個防震篷好玩。地上的預製板正好成了每家人劃分勢力範圍的標誌，你家佔幾塊板我家佔幾塊板，和平共處。一天一位老先生坐在一把太師椅上閉目養神，他突然驚叫嗯是地震了！好兇！大家正在奇怪怎麼沒感到地動，回頭看見那位老先生的椅子一隻腳已從預製板上滑下去，原來他的椅子未放好，差點摔跤。毛先生去世不久，「四人幫」被粉碎了。一天保衛科的人到車間來找我去一趟。我懷著七上八下的心情到達一間汽車庫樓上的小會議室，在臺上座了一個肥胖，神情充滿敵意的人。他叫我坐在離他十多米遠的地方。他說：「現在給你『平反』，以前揪鬥你時是正確的，現在給你『平反』也是正確的，以後若再犯，新帳老帳一起算。」然後又拿出一些紙說，這是你的材料，現在燒了，他點燃火，把那些紙燒掉，又退還我幾張被抄去，後來在廠裡展出過的「罪證」照片，那些照片都被用紅漆，打了叉，當一切結束，我的頭腦裡一片空白，這到底是怎麼一回事，我不會是聽錯了吧，世上竟有這麼荒謬的事嗎？後來經過反覆思考，我終於明白了，毛澤東領導下的共產黨是永遠正確的。一天，我同邦瓊路過文廟前街，看見一位老太太扶著一位老先生艱難的朝我們走來，仔細一看，不

覺大吃一驚，原來是黃大嫂同黃大哥，只見黃大哥臉同雙腳都腫的不成人形，自己都無法走路，我同邦瓊趕快迎上去。原來黃大哥剛從寧夏街獄中放出來，文革中他被關進了大牢。他說如果他沒被關進牢裡，在外面也可能被造反派打死了。這是甚麼樣的社會，人被關進牢房被折磨得不成人形，九死一生還要感謝共產黨的保護，天理何在啊。我們道別了黃大哥，黃大嫂，要黃大哥多多保重，回家好好休養。幸好這場災難來臨之時，我母親早已去世，我們的小孩也還不太懂事，要不他們就更加受罪。

文革時的展覽照片，
我父親。

文革時的展覽照片，我婆婆和
三姨媽。

我當老師了

　　一九七八年國內形勢有很大改變，群眾性的政治運動少了，搞經濟建設、學英文的高潮來了。在文革期間因學英文是犯法，我只好自己編字典，記單詞，寫了就燒掉。一天，我的朋友孫立送了我一張省展覽館看外文圖書展覽的參觀券。孫立是我們華西壩的老鄰居，我和他哥哥在四中是同學，孫立比我小好幾歲，他在南充師範學院畢業後，被分到成都一間工廠的子弟校教數學。他的父親因歷史問題被關死在獄中，他的母親因歷史問題是「管制份子」，強制掃了幾十年的街，他的哥哥也因這關係五七年未能上大學而去農村當農民。孫立，雖然上了大學，命運也夠坎坷，一九七二年廠裡出現反標，在無任何證據的情況下，他被關進「市大監」兩年多，後來因證據不足無罪釋放。他告訴我他在獄中的一次經歷。一天他們牢房來了一個年輕人戴著腳鐐手銬，這是一個師範學院的學生因在武鬥中殺死了對立派的紅衛兵，第二天要處死刑。今天押到他們牢房是要叫這些犯人把他看管好，不要他自殺。孫立說，他們一夜都不敢合眼，那個年輕的死刑犯，非常激動不斷高聲呼叫毛主席萬歲！共產黨萬歲！他認為自己是為保衛偉大領袖毛澤東而犧牲，這難道不可悲嗎？他本來可以成為一位有光明前途的教師，卻成了上層權力鬥爭的可悲犧牲品，死到臨頭還不清楚是為何而死。拿到孫立給我的參觀券，等到休息日，我非常高興地穿上一套乾淨的工作服去看展出。很多

年沒有見過這麼多外文圖書，來看書的人不少，我正在讀一本英文書，突然一人來到我面前帶著鄙視的語氣說：「趙久安，你來這兒幹什麼？」我抬頭一看原來是我們廠某名牌大學畢業的共產黨員大工程師。我回答說來看看，他帶著懷疑的眼光看著我，可見當時他認為你一個工人，一個被揪鬥過的人是否走錯地方了。不久廠裡開始辦業餘學習班，因廠裡知青不少，還有半工半讀的學工都非常好學，就辦了很多班，其中有英文班，而報英文班的人特別多，那時要在廠裡找能教英文的人就很少。有一位陶姓技術科科長以前和我同關在牛棚裡時，知道我英文還不錯，就推薦了我去教育科開會。當時那位大工程師也在座。英文分了初級班，中級班。中級班的人少。大家議論一會後，科長就說，由大工程師教中級班，讓我教初級班。那工程師忙說他已忘了發音，讓我先去教中級班，等他發音好了他再教中級班。我因為是工人只能服從分配了，於是開始了我的業餘教書生涯。開課一段時間，我班上的學生越來越多，而那大工程師的班上沒剩幾個人了。一天下班後，我到四川石油管理局去看我的好友吳剛，想告訴他我現在在教英語，走進他的單身宿舍，見到地上擺了好多酒瓶，有的已喝空，有的還裝滿了酒，菸缸裡也堆滿了菸頭。他見我去忙請我坐，並遞菸給我，我見他情緒不是很好，他的菸一支接一支的抽。我問他怎麼了？他指著他桌子上放的一些紙，我一看是入黨申請表，啊！原來我的好友要加入共產黨了。他說組織上找了他很多次，說他在搞宣傳工作又是領導，他的手下全是共產黨員，每次過組織生活，只有他這個領導不參加，因他不是共產黨員。組織把申請書給他送來很久但他一直未寫，最近組織上催得很急要他馬上寫，要不就不能搞這工作了。他問我該怎麼

辦，我非常瞭解我的好友，他是一位正直的人，一位敢說真話的人，正因為這樣才會在「反右」時和以後的歲月中受到不公正的對待並吃了不少苦。他通過自己的努力，證實了自己的才能。從基層又走上現在的崗位，已經非常不容易。我聽他講過，他在油井勞動時，深夜還要替領導寫總結報告，要出小報搞宣傳工作，因他的文章寫得好，字又漂亮。我也不便告訴他我的想法，其實我心裡想，共產黨裡要多一些像他這樣的人就好多了。後來他告訴我說，他還是入了共產黨。我和吳剛是從小一起長大的，我和他的母親和他一直保持聯繫，大娘九〇年代初已去世。而我最想不到的是二〇〇三年我在成都和他歡聚後返美不久，非常健康的吳剛竟患了肺癌，在他臨終前幾天，我從美國家裡給躺在大洋彼岸醫院裡的好友打電話，告訴他我永遠不會忘記他在我最傷心，最痛苦的時侯陪伴我去將我母親的骨灰帶回家。吳剛說，我們是兄弟，你媽媽把我當成自己的兒子一樣，我應該的。他又說，下次你回來見不到我了。我真找不到安慰他的話，想把話題扯開，就說，你不能死，我還要和你一起打麻將聽你說笑話，他大概想起了我們歡聚時的喜悅，哈哈的笑了起來。

二〇〇三年和好友吳剛在成都。

人生的巨變「巧遇」

　　一九七九年四月的一天，我的人生又一次發生了轉折。那天我下班後，和平時一樣臉上長滿了鬍鬚，騎著車輪都捆著布的破自行車，穿著滿是油漬的工作服。回家途中經過勞動人民文化宮門前，突然看見我的小學同學，就是陳行可伯伯的么女滿妹，與此同時，她也看見我。和她同行的還有一位非常有風度的女士，走在她們前面不遠還有一位白人男士。當我走過去和滿妹打招呼時，滿妹問她身旁的女士：「你看他是哪個？」那位女士搖搖頭說，不知道，滿妹說：「他是趙久安。」這時，我也認出了那位女士是二姐寧祖。二姐看著我，馬上過來拉著我的手，眼裡含著淚水問我「George是你嗎？」這時那位白人男士也走了過來，二姐告訴他說：「這是George。」他帶著驚奇的眼光忙過來同我握手。原來他就是那個在「可莊」住過的瑞典小夥子，二姐的丈夫馬二哥是現在世界知名的瑞典漢學家馬悅然教授。二姐問我：「你怎麼這樣？」我苦笑了一下說：「還好。」她又問：「你知不知道你父親的情況？」我說：「不知道。」她告訴我說：「你父親在臺灣生活得非常好。」我聽到這裡好像是在做夢一樣。這時周圍已圍了一大堆好奇的人，怎麼一個穿工作服髒兮兮的工人同一個外國人握手又交談，被封閉了幾十年的老百姓怎會不感到稀奇呢。這時二姐告訴我：「這裡講話不方便，你到陳伯伯家來，我很快要走了。」她還對我說：「我一定要讓你爸爸知道你

的情況。」他們又告訴了我陳伯伯的住處，我們就此告別了。回到家裡，我立即把這個奇遇告訴了邦瓊，她聽後也感到我好像是在說天方夜譚。這時邦瓊又開始擔心，她對我說，達達已八十多歲了，如果找到達達他回來了，我們怎麼孝敬他。我們過的社會主義幸福生活都這麼惱火，工資這麼少，連自己都顧不上。那臺灣人民還生活在水深火熱之中，肯定比我們更窮。要是真找到父親，他老人家要回來依靠我們真是個大問題啊。邦瓊和我都算是有點文化的人，但是那種無產階級專政下的愚民政策，真是做到家了。我們除了自己的生活外，從不知道外面世界的真貌。很快五一節到了，因為加班也未去陳伯伯家。過了兩星期，一天下班後我和邦瓊去到陳伯伯家，二姐和馬二哥已回瑞典。但二姐請陳伯伯轉告我，說她一定要幫我找到我父親，要我放心。隨著時間的流逝，一天忙著工作和生活，我們漸漸把這事也淡忘了。這時，我在廠裡的工作又有了調動。全國開辦了電視大學，廠裡有十多位知青和半工半讀學工考上了第一屆全國電視大學的機械和電機專業班。為此，要請輔導老師。我們軸承廠有不少機械專業的大學畢業工程師，技術員，找專業輔導老師較容易，但要找英文輔導老師就比較難了。因我在廠辦業餘英文班的教學反應很好，廠裡就讓我「以工代幹」調我到教育科，擔當我們廠電大班的英文輔導老師兼班主任。班上除了本廠的學生外還有幾位附近「成都低壓開關廠」的學生，他們都是脫產學習。同學們都非常努力，因為文革耽誤他們太多，現在就更珍惜這來之不易的學習機會。這時我想起自己被剝奪學習權利的往事，讓我非常羨慕他們，也感到自己有責任，應全心全意的輔導，幫助這些用功上進的年輕人。剛開始教課對我也是一種挑戰。從沒有正式教學的經

驗，連每堂課時間的控制，也是慢慢摸索，加上我從來沒有手錶，好幾次還是學生提醒我，才知道已超時。那時，手錶本來就是奢侈品，加上我們的經濟條件，根本不可能買。但為了更好教學，我同邦瓊咬緊牙冠，邦瓊在她單位，標了個一百元的會，給我買了隻山城牌手錶。英語雖然是我的第一語言，發音沒什麼大問題，但畢竟從八歲以後也沒有機會再用。因此，好些東西都是憑感覺，判斷對與錯，特別是語法方面更是如此，我知道學生的句子不通，也給予糾正但就是說不出道理，我就與同學們一起收看電視廣播，仔細聆聽老師講解英語語法，再借助工具書和同學們一起探討學習。這樣的教學方法對學生對我都更有幫助。每次統考同學們的考試成績都不錯，這讓我也感到非常高興。自從當了老師後常去黃大哥家，向他請教英語。這時黃大哥也被聘請在四川醫學院業餘英文班，教一些中年教師和醫生的英語，因為這

和成都軸承廠電大班老師及同學合影留念，二排左四是我。

一代人大都只會俄語。黃大哥還在翻譯「巴頓將軍[1]」這部傳記。他說人們應該瞭解歷史。說到這，黃大哥給我講了一次他在市大監的經歷。在獄中，要他老實交待他的罪惡歷史。黃大哥苦笑一下說，我寫了抗日戰爭初期，我在裝甲兵團第二百師，師長是杜聿明，副師長丘清泉，所使用的裝甲車是蘇聯援助的。一天管教犯人的幹部叫黃大哥去，那幹部說：「黃炳，你在交待裡『胡說八道』些什麼，蘇修會幫助中國抗日嗎？」黃大哥對我說：「給這樣的幹部能說清楚嗎？只有自認倒楣。」我聽了黃大哥的這段經歷，為共產黨培養出來的管理幹部的無知，感到又可悲又可笑。被打成極右的三哥，遇到這位幹部，一定會馬上平反，並誇講三哥批判蘇修是完全正確的。

---

[1]　巴頓將軍（一八八五～一九四五）美國陸軍上將，在二戰中戰功赫赫。

鴻雁海外傳家書

一九七九年九月十四日，我剛下課有人告訴我廠門口有人找我，當我趕到廠大門時，來人已走了，只留下一張字條。上面寫著「趙久安希你抽時到我家來，有要事相告」。劉紹祖（即滿妹）。當我看到這字條，突然心跳加速，這是從未發生過的事。

一九七九年九月十四日，紹祖給我的字條。

我真想立刻就去到陳伯伯家，好不容易挨到下班，以最快速度騎車到家。進門正想告訴邦瓊，只見她又急又愁的樣子，一問才知道原來兒子在學校剛買的三元錢飯菜票丟了。那時，我倆的工資加起來也才七十元雖然只是三元錢，但對我們來講也很管用的。我也只好硬著頭皮將字條的事告訴邦瓊，大家在鬱悶的心情下草草吃了點東西。告訴兩個孩子在家做功課，我們有事要出去，等會就回來。出了家門，把邦瓊搭在自行車上，懷著一種複雜的心情去到西門陳伯伯家。我們剛一進門，陳伯伯就笑容滿面雙手抱拳不斷地對我們說：「恭喜，恭喜！」這時我才心如石落，知道一定是好消息，剛坐下，陳伯伯拿出一封二姐從瑞典寄來的信和一張在英國Moorpark的照片在照片背面寫著「趙弟弟，你還記得曹伯伯和你們在英國一起的生活嗎？」我一看就知道是達達的筆

一九四二年英國倫敦Moor Park，父親寄回家
的第一張照片。

跡，但父親怕連累我們還不敢用我們的真姓「趙」，而用了諧音
「曹」。我們拿到這信和照片後，辭別了陳伯伯，陳伯母先到醫
院看病重住院的吳姨媽，告訴她這驚喜的消息，姨媽聽了非常高
興，她拉著我和邦瓊的手說：「你們就要苦盡甘來。」幸好我們
及時告訴了她這個好消息，幾天之後她就過世了。當晚又去妹妹
家，將這一好消息告訴她。趕回家裡已過深夜，兩個孩子坐在床
上還在等我們。我們一起又將照片看了又看，睡在床上我還不斷
問自己該不是在做夢吧。我從未做過這樣的夢，連想都不敢想
啊！我們告訴兩個孩子，找到爺爺這事誰也不要說，他們睜大了
可愛的眼睛直點頭。第二天我趕著寫了封短信，再找出我們和兩
個孩子所照的僅有幾張照片寄給瑞典的二姐，請她轉寄給我父
親。在信中我寫到：

二姐您好，您給我的照片已收到，這是一件珍貴的紀念品，我一定好好收存，看見照片就想起趙伯母，她已去逝十八年。我們一分別就是幾十年，今年在成都街上偶然碰見您真是喜出望外，遺憾的是您在成都停留時間短暫，我的工作又忙，沒有機會和您多談談。現在告訴您我們一家的情況吧，我在成都一個工廠裡當工人，最近又調到廠電視大學教英語，我妻子在一個紡織廠當工人，兒子十二歲上初中二年級，女兒十一歲上初中一年級，我阿姐一家都在湖北。她和姐夫都是鐵路局技術員，他們有三個孩子。妹妹在成都幼稚園教書，妹弟在一個工廠工作，他們有一個孩子已上小學四年級，我們生活都很好。我姑媽已七十六歲身體非常健康，她多數時間住在四川大學，表姐在那裡數學系教書。我在休假時常去黃大哥家玩，向他請教英語，他也在教英文，他要我問候您。您一定還記得我們童年時在「可莊」的生活吧，那時陳伯伯經常教我要做到三件事：First be honest；Second be kind；Third be brave。我一直還記在心上。東拉西扯說了這麼多，暫時停筆吧！祝您健康，並望多多保重身體。

趙弟弟

　　這是我幾十年來給我父親的第一封信，我想讓父親瞭解我們的情況，當然我也不得不違心的告訴他我們的生活過得很好。從此三十年的斷線風箏又連上了。過了幾天陳伯伯寫信來說我的父親託二姐，匯錢來要我去取。這是我父親第一次匯款來共五十美金，我們收到匯款馬上又寫信給父親。當時一美金可兌換大

我、邦瓊和兩個孩子。

一九七二年成都鄭家花園，寄了罕見大
雪的照片給父親。

約一・二元人民幣。我們將達達寄來的錢分成三份，一份給了妹
妹久倫，她去買了衣服作為紀念。我們一份買了當時的營養品，
麥乳精、奶粉等，給姑媽送去，一份就買了些四川土特產，海椒
麵、花椒麵，川味香腸等託人帶給在湖北襄樊的阿姐。因當時剛
從文革的恐懼中走出來，為怕給太多人帶來不必要的麻煩，我們
連姑媽，阿姐都沒敢告訴真相。阿姐收到東西還來信說，你們都
困難，還給我買東西。

　　通過二姐幫忙轉信，不久我們收到了達達第一封家書，達達
這次是用二姐的名義寫的：

　　　　久安弟弟，兩信及相片均已收到。微款相助兩代情誼，請
　　　　勿客氣。伯伯教你的三句英語，你還記得，真棒！還要好
　　　　好去做。英語多請教黃大哥，姑媽多問候，英姐多通信，
　　　　倫妹多來往。早起八段錦，晚上早點睡。你妻子賢慧、兒
　　　　女聽話用功，真是福氣。趙媽媽的墳在哪裡，他弟弟有消

息否，我們像姐弟一樣有事要不客氣來信，祝你全家健康快樂。寧姐——若太長請你再簡短一點[1]。

謨又

　　這短短的一封家書，飽嚐了我父親對我們的關切和憐愛。他不僅僅想到了他的三個兒女和家人，他的妹妹，他深愛的髮妻的身後事，也想知道妻弟的消息。因剛開始通信，父親為了不會對在大陸的親人帶來不便，甚至危險，他在信中用詞簡短而小心，最後一句更看到父親為人的謹慎，對家人安危的擔心。「謨」是他名字。不斷的書信往來，使我們對父親這三十年的生活情形有了更多瞭解。父親對我們的生活也更加明白，他就開始按月匯錢來接濟在大陸的家人，使我們的生活素質得到明顯改善。

　　我們用父親匯回家來的錢，領取「僑匯券」在「友誼商店」買了一輛自行車，這樣上下班就方便多了。想起前幾年一次邦瓊帶著我們的女兒路經「友誼商店」，女兒看見有其他小孩在買泡泡糖吃很好玩，就問媽媽可不可以給她買，我們的孩子從小就知道家裡沒錢，要買學習用具鉛筆時都會說：「媽媽，等你和爸爸發了工資給我們買兩支鉛筆。」玩具就更沒見過，今天說想要買一個泡泡糖，邦瓊一看價格也不貴，就馬上答

一九八一年成都人民南路，有了父親的幫助全家穿上了新衣服。

---

[1]　這是我父親給二姐寫的，他怕信太長，請二姐將信改短。

應，牽著女兒的手走進商店拿出錢去買，這時售貨員就問她們要「僑匯券」，邦瓊還不知什麼是「僑匯券」，只好帶著失望的女兒走了。在和我父親聯繫上後，我心中一直非常遺憾的一件事就是邦瓊的父親，我的岳父，他在一年前因病去世。記得我第一次和他老人家見面是在一九六三年端午節，邦瓊說我應該去她家看她的父親，我不知道第一次去她家要帶什麼禮信，邦瓊也不太懂，大概去問了她乾媽，我就買了一瓶酒，割了兩斤豬肉，去見我未來的岳父大人。他是一位心地善良，膽小怕事的老人，在「公私合營」後他的生活就非常困難，他見我去，就到街對面的「師友麵」館去端了麵和包子回家招待我。我和邦瓊結婚以來，從未給他任何經濟上的幫助，相反有時邦瓊還會向父親借幾元錢以應急。我們都稱他大爺，大爺有幾次和我談到我父親，他說如果哪天你找到你老人就好了，他從未因為我出身不好而使他女兒生活這麼艱苦嫌棄我。我真想大爺若能多活幾年，他就能和我們共享家人團聚的幸福，生活也會更好。如果大爺在九泉之下能知道我們的今天過的生活，他老人家就會放心了。

我們全家和我的岳父僅有的一張合影。

走出社會底層

　　我在輔導電大期間，參與教師活動和閱卷時，認識了不少的教師和翻譯，我們這些輔導老師常在一起活動，交流教學心得。我認識了一位四川省土畜產進出口公司的老師，他是該公司的英文翻譯。那時正是鄧小平先生上臺並已提出改革開放，我當時還不瞭解外面的變化，這位老師和我一起閱卷就聊起來，他聽我英語口語還可以，就主動問我想不想去他們公司工作做翻譯。因當時進出口公司很多，但奇缺翻譯人員，尤其是口譯人才。我立即本能地告訴他，我出身不好，父親在臺灣。他馬上笑著說現在不要緊了，家庭出身不是大問題。我回去和邦瓊商量，她支持我離開工廠，好忘掉那令人傷感的地方。我抱著半信半疑的心情去土

和電大英語輔導老師合影留念，前排中間是我。

一九八一年三月廣西南寧小交會，和CMEC四川分公司同事，前排左二是我。

畜產進出口公司面試，結果他們公司要我去工作，但這時回到軸承廠去要求調離，就遇到困難。廠領導說很需要我在廠裡工作，不放我走。當時電大的英文課已結束，不需要我輔導了，我堅持要離廠，又去找

我（右）陪外商到四川灌縣都江木工機床廠洽談業務。

一位管技術的許廠長，他非常通情達理，他告訴我不要急著去土畜產進出口公司，因為那不是我熟悉的業務。過了不久，一九八○年十一月的一天，許廠長叫我去，說現把我借調到四川省機械設備進出口公司去搞英文翻譯。他說我們廠生產的軸承，要出口都要經過這個公司，我去還可幫工廠的忙。我想這樣很不錯，畢竟我在機械方面比較熟悉。就這樣離開了我工作二十二年的軸承廠。我非常感謝那位介紹我去土畜產進出口公司應試的老師，他開闊了我的眼界，使我知道家庭出身對我的負面影響已大為減弱。步入中年的我以「以工代幹」的身分來到一個全新的環境「CMEC四川分公司」。當時這公司成立不久，辦公地點在成都市體育場路十八號，省體委招待所內的幾間平房。剛到公司，我被分到負責機床出口的辦公室，我們的科長姓羅，還有一位資深搞外貿的唐老師，整個公司大概不到三十人。年輕人居多，大部分是高幹子弟，懂英文的幹部也少。我的主要工作是處理外商來的英文信件和電傳。因當時很多同事的英文水準也不高，我就盡力在那方面幫助大家。公司同事對我很好，稱我老趙，對外貿我是新人，好多外貿詞彙都靠現學現用，晚上回家還得挑燈夜讀，加緊自修。

一九八一年三月我第一次參加交易會。我在給父親的信中寫到：

達母，（這是對我父親和繼母的稱呼）這次安兒給您們寫信，不是在家裡，而是在廣西南寧。三月一日早晨八點，瓊、新、華一起到成都火車站送我。我是從成都坐火車到昆明，三月二日早上八點就到昆明了。成昆鐵路十分險要，沿途經過了四百多個隧道，五百多座橋樑，在鐵路旁能看見修建這條鐵路死去的工人墓碑，中國人民真偉大。路經西昌時，安兒又陷入了回憶二十多年前，安兒在這裡修公路的往事之中。每個人所走過的道路都不會是一帆風順的，但勝利一定屬於有信心的人。達，安兒說得對嗎？三月二日中午十二點，我從昆明坐飛機飛了一小時就到了南寧，這是三十多年來安兒第一次坐飛機，一坐上飛機我又回憶起小時達達、媽媽帶我們坐飛機的情景，時間雖已過了幾十年，但安兒還記憶猶新。我這次是作為四川省機械設備進出口公司的翻譯來南寧開交易會，譯員就我一人。起初我感到有些緊張，但一想到達達年輕時那一股闖勁，全靠自己奮鬥出來，我就不緊張了。我深信天下無難事，只怕有心人。

在南寧小交會有雲、貴、川和廣西四省參加。有件小事也相當有趣，在開幕的前一天下午，有人來找翻譯，說有一個外國人又跳又叫好像很著急，我們經理讓我去看看，一去才知道原來這位客人內急要找洗手間，但無人聽得懂他的要求，當我幫

他解決這一窘境後他非常感謝。在剛開放的中國，那時參加外貿交易會人員的英文程度還很差。從南寧回來以後，我出差的時間多起來，經常穿梭於不同城市的機床廠洽談業務，每次去到工廠都受到廠方的熱情接待，使我不知所措。我只是一位普通工作人員，代表公司洽談生意而已，心裡感到很過意不去。有時陪同外商參觀工廠洽談業務，工廠更加隆重其事。除了到工廠，在公司裡還要審查信用證等，我主要分管機床出口，當時進口業務非常少，我要去廣州參加廣交會與外商商談機床出口價格，去工廠瞭解生產成本、銷售價格，既要讓外商能接受價格，更要讓廠家有利潤，不虧本。這一切對我來說都是新的學問，我邊學邊做，讓我學到了更多國際貿易知識。公司不斷發展，人員不斷增加，懂英文的人也越來越多，我非常熱愛這份工作，也盡力發揮自己的能力。因時常要同外商打交道，隨俗我又多了個稱謂：趙先生。一次在成都錦江賓館宴請外商，我看見臨桌，有位人好面熟，像是我初中同班同學。我冒昧的上前去問他是否姓楊，他點點頭答是，我又試叫出他的大名。當我說出自己的名字時，他已完全不認識我了，經過多年艱難歲月的煎熬磨練，如還能認出我來也不是件容易的事。他看到我非常驚訝，問我這些年消失到哪去了。老同學見面分外高興，當時因都是公事在身，我們只簡單聊了幾句，那同學在省外辦做領導工作。在CMEC工作了五年，和同事們相處不錯，但我深深的感受到因為我的家庭出身，只能被共產黨利用，不會被信任，我們公司有很多出國的機會，但絕不會輪到我。我也非常清楚，在這樣的制度下，我不會有前途。

世代友情長存

一九八一年五月四日成都家裡,和二姐寧祖歡聚。

　　一九八一年四月底,二姐從瑞典回蓉探親。為了感謝二姐給予我們全家的巨大幫助,我們全家決定邀請陳伯伯、陳伯母、二姐寧祖、紹祖到我們華西壩的家來玩,以表達我們全家人對二姐全家的感謝。我們寫信給已十六年未回家來的阿姐(我的姐姐),請她也回來參加這個聚會。我們又接來了我快滿八十歲的姑媽,我父親唯一的妹妹。雖然我們的家只有十四平方米,但大家都非常興奮,忙碌著為這次歡聚做準備。五月三日晚上,邦瓊、姑媽、阿姐和久倫,就忙著準備第二天招待貴客的菜。一共有十多樣菜、燉全雞、涼拌兔絲、青筍肉丁、韭黃肉絲、黃瓜肉片、豆角燜肉、花生米、香腸、人工培植的鮮蘑菇、鹵蛋,還有姑媽親手做的冰糖肘子。五月四日天氣很好還有太陽,陳伯伯、伯母、二姐、紹祖都來到我們家。我還特意請了我的好友在文,他從江油回來為我們這次來之不易的歡樂聚會拍照留念。在文是

一九八〇年，我的父親和繼母在臺北接
待二姐和馬二哥。

我們中學時的學校攝影組組長。我們大家玩得非常開心，還錄了
音，請二姐帶回去轉寄給我父親，讓達達聽聽，他幾十年未聽到
的親人說話聲。二姐還告訴我們，一九八〇年八月，她和馬二哥
到臺北出席漢學會，我父親和繼母熱情招待他們，並陪他們去觀
光。他說我父親身體非常健康，說話時聲音宏亮，走路不用手
杖。又說我們的繼母對我父親照顧得非常周到，她心地善良，說
到我們在大陸的遭遇時眼圈都紅了。我們聽了二姐所講，就更加
放心和感激我們的繼母。八十八歲高壽的陳伯伯也非常開心，即
興就寫了幾句，要我寄給我父親。

> 惠謨兄，八一年五月四日歡聚於久安家有感，而胡謅幾句以
> 誌不忘，趙錢與馮陳本是一家人。喜逢女歸寧，盛筵久安
> 家。多年災難日，今朝歡樂共慶，國恩家慶永世長存。
>
> 弟，行可書

　　二姐回到瑞典後不久，因生病，身體漸差，幫我們轉信的工
作從一九八一年九月開始，就麻煩我們小時候在英國Moor Park時

同住的何思可伯伯和何伯母代勞。他們都已是八十幾歲高齡的老人。這裡摘錄一封何伯母寫給我的信。

久安，接到你的信真是意外的欣喜，你的中文已能隨手應心的運用，很是難得。當時你回國對中文是一字不識，從頭學起，能有這樣成績證明你既聰明又用功。你與Auntie Wright的英文信也寫得不錯。你的英文信及送她們的全家福照相已在收信日即轉去，等了三天Miss Wright今天才來了電話，她說要我告訴你，請原諒她目力太差，看信寫信都不行了，信是請她姪女代唸給她聽的，她很高興知道你沒有忘記她，她今年已八十四歲高年，耳目不靈，不久前有一次中風。Cousin White已去世兩年，她們搬去海邊養老，我們很少見到。只偶爾通信通電話，現在她一人孤單老病，很可憐。你父親每年耶誕節都寄一筒茶葉送她，中國人總是不忘舊情友誼的。歐戰開始第一年你家與我家同住一座房子，那時Mary五歲，你也只有三歲，你兩姐弟長得非常漂亮又聰明，但你喜歡玩竹槍比武，你對人自稱

一九八一年五月四日陳伯伯和陳伯母倆老在我們家合影。

何思可伯伯攝於英國倫敦家裡。

弟弟，所以一般朋友老少都叫你弟弟，連外國朋友也叫你弟弟。你能記得一些倫敦生活片段，可證你記憶力強。你們的母親，不幸在二十年前因病去世，我們都很惋惜，因我們是多年好友。你的信也給熊伯母（熊乾媽）看過了，她也很高興知道你們的消息，她已七十四高年。在北京教書的一兒一女在去冬及今春都先後來倫敦看她。在此附 Grace&Peter with his family 兩張相[1]，若你在街上重逢，彼此會不相識，你們都年輕以後仍有見面機會。Peter 已是主任醫師，Grace 在皇家科學院工作，他們生長在此，英文自然是好，中文則不理想。

從何伯母的信裡，可以看出她寫這封信時，腦海裡充滿了對往事的留戀和回憶，在她的印象裡我還是一個天真調皮的「弟弟」。看了這封動人的信，使我又回憶起很多兒時的情景。何伯伯寫得一手漂亮的毛筆字，在得知我和幾十年不見的父親重聚後又匆匆離別的情景後，他送了我他親手抄寫的唐代詩人李益的詩〈喜見外弟又言別〉：

　　十年離亂後，長大一相逢。問姓驚初見，稱名憶舊容。
　　別來滄海事，語罷暮天鐘。明日巴陵道，秋山又幾重。

---

[1]　何伯伯，伯母的兒女。

家書

一九八二年攝於廣州市黃花崗七
十二烈士陵園。

　　在這段時間我們和達經常通信，我們想讓他對我們有更多瞭
解。這裡是我一九八二年三月七日給我父親的一封信：

　　安兒這次出差歷時共十九天，於二月二十三日深夜回到家
　　裡。二月五日上午，安兒由成都乘飛機去廣州，這是安兒
　　第一次廣州之行。廣州比成都繁華多了，也可說更「洋
　　氣」，城市街道整潔，但吃的比成都差遠了，東西又貴又
　　不好吃。我特意到黃花崗去，瞻仰辛亥革命的先烈並在那
　　裡留影，今天給達媽寄去。黃花崗現在是一所公園，公園

大門上方刻有孫中山先生的題詞「浩氣長存」。我去時天剛下過雨，風吹著樹木嗖嗖的響，我頓時感到好像聽見一九一〇年三月，革命先烈們在和敵人拼搏時的喊殺聲。我從石碑上看見七十二位烈士裡有三位是我們的同鄉四川人。我想到達一生也是為了實現中山先生的理想而奮鬥，使我說不出的感慨。這時天又下起雨來，我怕同我一起去的兩位同事等得不耐煩，他們可不知道我在想些什麼，我只好不捨地離去。廣州是一座英雄的城市，從鴉片戰爭到辛亥革命，我們的祖先顯示了英勇頑強的精神，黃埔軍校建立在此，北伐軍也是從這裡出發北伐。當我想到達當年考入黃埔軍校親自參加了北伐戰爭，真為有達而感到自豪。在廣州待了五天就飛到福州，福建是盛產銀耳的地方，我買了一些銀耳，帶回去送姑媽。福州的生活比成都差遠了，街道也不怎麼好。從福州我乘火車去杭州，這座城市由於有西湖，給它增添了安靜優美的色彩。我去參觀了岳陵、靈隱寺、三潭印月，並照了相，今給達媽寄去。從杭州又乘火車去上海，上海是我們回國時到達的第一個城市。我還記得達在吳淞口等我們的情景。現在上海人口太多，星期天走在南京路上，得排著隊走，真不是滋味。杭州和上海生活比廣州、福州好，但是還是不如成都，看來走了四個省，還是家鄉好，這也可能是我帶有一點偏見吧。安兒這次出差雖然工作很忙，但還是算去旅遊了一次，除了上海外，其餘三處安兒均未去過。我和達達一樣喜歡旅遊，我們如有機會一定同去英國旅遊一次吧，看看我的出生地，如這願望能實現，那該多好啊！

一九八二年七月，公司在「水碾河」修了新的職工宿舍，按工齡長短依次去選樓層和房屋，我的工齡在公司的職員裡是較長的，因公司的年輕人多。我們選到一套五樓的房子，光線不錯，面積比我們原來的房子大多了。這對我們全家來講是件大事，雖然新宿舍的條件比華西壩的舊居條件好，但我們還真不捨得離開我從一九五一年就開始居住的老地方。因有父親的資助，我們的經濟情況有了很大改變，但我們仍非常節約不亂花錢。搬到水碾河新居也只買了簡單必要的家具。一九八二年九月七日我出差到北京，這是我第三次到北京，現在的心情和前兩次來京不一樣，我抽時間去看平衡伯伯和伯母，當他們看見我身體長好了，又聽我告訴他們我的近況，他們都為我們全家高興，並要我代他們問候我父親。我問起俊龍伯伯，不幸他已於一九七九年去世。

等待期望

一九八二年四川省統戰部和成都市統戰部幹部
陪同我回母校參觀。

　　一九八二年，我父親給我們發出了邀請，讓我們一家四口，我、邦瓊帶上兩個孩子在八三年春節時到香港見面團聚，共賀新春。我們開始了長達幾個月繁複的申請手續，重重的審批程序。我們真的好希望可得到批准，讓我們可以到香港同與我分別了三十四年的父親見面。這段時間成都市統戰部，四川省「統站部」的負責人都來關心我們，帶我同邦瓊到成都附近的地方去參觀祖國的一片大好形勢，進行熱愛祖國、熱愛共產黨、熱愛社會主義教育。他們對我們很客氣，說以前對我們保護不力，這讓一直生活在社會底層，總是被官方視為專政對象的我好不習慣，好生納悶。我們需要保護嗎？又應該由誰來保護我們。

到了一九八三年一月底，省市統戰部終於通知我們可以前去成都市公安局領取「往來港澳通行證」了。當我們到達公安局取證件時才知道，不知為何原因，只批准我同邦瓊前往香港。本是想一家三代的團聚，在政府的保護下成了兩代人的相聚。我父親當時已是八十四歲高齡加上他在臺灣的身分到香港要經港英當局的批准才可前往，去一次香港也是非常不易。但我們是知足的人。兩人總比一人好，一人總比沒人能去好。在我們出發探親前收到達一封信，信中寫到：

> 瓊媳這次旅遊得由自稱能幹富有經驗的安兒作伴，母（繼母）達（父親）大為放心。只是瓊你不能專為母達節省，這次是你初次出門旅遊，瓊你倆只要不浪費就夠了，你為趙家吃的苦夠多了。祝你倆平安健康旅途快樂。

我們離蓉赴港前去看了黃大哥，他也為我們能赴港父子團聚而高興激動，他買了一床絲綢被面，還寫了一封信要我轉交我父親。信中有這麼一段：

黃大哥在備課，攝於他成都家中。

惠謨先生、夫人：我所愧者，在老師及久安弟過著苦難生活之時，我未盡到半點照顧之誼，實則我已是真的到了山窮水盡，難以自拔之境地。詳情久安弟當會如實相告，在成都我與久安弟常相往來，尤其自七八年以來，我的現情及過去他都知道甚詳，故在信中不再多陳述了。但有關我的情況想必您們早有所聞一二，目前所可告慰於您們者，我的孩子們已可獨自生活，無論在精神生活上及物質生活上都感到壓力大減。因此在退休之中教點英語，一則提高一點生活水準，再則也可以在精神上稍有寄託。

我自從在廠電大輔導英語，後到CMEC工作時都常去向黃大哥請教英語方面的問題，他總是耐心地幫助指教。黃大哥雖已去世多年，但他那英俊瀟灑的武官形象，將永遠留在我的記憶裡。

黃大哥和他的家人。

北京之行

一九八三年二月北師大校門，統戰部幹部陪同我（右二）和邦瓊（右一）到父親母校參觀。

我們已經準備好去買到廣州市的飛機票，再從廣州搭火車到深圳，然後從深圳羅湖出境到香港。這時，省市統戰部通知說要陪同我們去北京，因中央統戰部要請我們去。這突如其來的邀請，讓我同邦瓊真大感意外。本來我們是想靜靜地去看與我分離了幾十年的父親，現在卻又要去北京，我們真的有這麼重要嗎？需要這樣的接待？那是一種何等怪異的感覺。我長期被認為是「國民黨反動官吏的孝子賢孫」有「敵臺」關係，是被社會唾棄

的一群，現在怎麼了。臨行前，省市統戰部在飯店給我們餞行，之後由兩位省市統戰部的幹部陪同前往北京，連飛機票也是由統戰部給買好的。二月三日早晨，外面飄著薄霧，統戰部的汽車來到我們「水碾河」家的樓下來接我們到廣漢機場。邦瓊的乾媽、二哥、二嫂在家門前送行。我的妹妹久倫和妹夫遠謀帶同我們的女兒、兒子坐車同行，將我們送到廣漢機場。這是我第四次進京，一九五七年的第一次我抱著天真的理想到北京報考大學想將來報效祖國。第二次在一九七六年我還是「帶罪」的遺民。第三次是去年CMEC派我出差，今天，我又再次踏上了進京的旅途，這次我是……，在這萬里高空上，我感到有些迷惑了。到達北京，我們被安排住在首都的心臟地帶，府右街的中央統戰部招待所。這是邦瓊第一次出川，第一次乘飛機，第一次到北京，她對這一切都感到新鮮，同時更與我一樣感到迷惑不解。到北京的當天晚上，由中央統戰部的一位馬局長接見我們。請我們享用北京烤鴨。這是我們有生以來第一次品嚐這世界出名的美味，我們一邊吃一邊聊，馬局長也提到對我們保護不力，他又講到文革那時他們也被揪鬥。他又要我代問我父親好，歡迎他回祖國來看看。又要我們多向父親介紹祖國的大好形勢，而對我們所受到的不公正對待就儘量不說了。在京期間，中央統戰部又派人陪同我們去遊覽北京的名勝，還特意陪我們去參觀了北京師範大學。那是我父親的母校，我父親於一九二三年畢業於該校教育研究科。我父親在一九八二年十二月十七日北師大建校八十年校慶當日在臺灣《中華日報》以「誠敬勤樸──母校北師大的校風」為題發表短文。

北師大在臺校友慶祝母校七十週年校慶合影留念，二排右六是我父親。

　　很榮幸北師大是我的母校，更高興母校擁有「誠敬勤樸」的崇優校風！自己從民國三年考入「四川省立第一師範」，民國六年考入「國立成都高等師範」，民國十年考入「國立北平師範大學」教育研究科，迄民國十二年畢業，整整接受了十年師範教育。雖然因為受了國民革命洪潮的衝擊，僅僅在河南開封第一師範，湖南長沙第一師範，任教兩年，即於民國十四年與十餘學生，同時考入黃埔軍校第四期，參與北伐統一之役。民國二十四年更因赴英入倫敦大學政治經濟學院專研國際關係，轉業外交，任職我駐英、駐捷、駐荷各大使館及外交部。民國三十七年，膺選「行憲立法委員」，任職迄今。六十年來對於師範教育，深愧未盡厥責，但，私衷則迄認，教育立國之大本，師範教育更為立國之根本。國立北平師大為余——最後受師範教育之所，更為余獨存之母校，亦為全世界僅有之師範大學，故特深愛念！母校——北師大為全國教育重鎮，不僅因其擁有八十年悠久之光榮歷史，曾畢業萬千之優良傑出教育人才。北師大在以教育立國之大業中，尤

足以自豪者，實為其特出之優良傳統校風。校風不是校
訓，校訓可以由當局制定，懸諸校門，而校風則係由在校
師生，積多年之言行，蔚然成為一校之風氣，在校從之，
出校守之，以此自約，以此自豪。社會重之，學生尊之。
母校——北師大八十年來以「誠——誠篤」，「敬——敬
業」，「勤——勤勉」，「樸——樸實」為全國教育人士
倡導，為全國國民奠定作人基礎，實足以昭示國人。自己
今後雖未能擔負實際教育工作但衷心則願我北師大之萬千
校友，能同將母校「誠敬勤樸之校風，蔚為化雨春風」，
為國家「百年樹人」也！

　　由此可見我父親對他母校的尊崇。在北師大統戰部的負責人
接待時，他們向我們展示了有我父親名字的校友名冊。他們又給
了我們一套北師大建校八十年校慶紀念品，要我們轉贈給我父
親。到港後，我們把紀念品交給了我父親，他非常高興。我和
邦瓊又去看了李伯母，李伯伯已於一九八二年十月四日去世。李

一九八七年北京李伯母家，邦瓊所拍，
我和兒女（左一至三），去看望李伯母。

伯母見到我們又是高興又是難過，她拉著我的手說又來看「李母伯」了，她為我們能和分別三十多年的父親見面而高興，又為失去李伯伯而難過。一天我和邦瓊到王府井大街，看見一輛公共汽車上的女售票員和一個剛下車的乘客在罵架，汽車已起步，那售票員把頭伸出車窗外還在罵，那下了車的乘客也不肯示弱，跟著車跑，骯髒之語飄逸在首都的大街上。聯想起我一九七六年唐山大地震時在中山公園躲雨時的遭遇，我心裡在想那五〇年代文明好客，態度友善的北京人到哪兒去了。在北京期間，統戰部的幹部還陪同我們遊覽了北海公園、頤和園等名勝。第四天我和邦瓊乘飛機離開北京到廣州，四川省和成都市統戰部的兩位幹部在北京機場和我們話別，他們的任務也順利完成。飛機到達廣州白雲機場，廣東省統戰部已派人來接機，將我們送到華僑酒店休息。他們又將新華社香港分社的電話給了我們，說如果到香港遇到意外，可打電話去要求幫助。他們還告訴我們，到港後我們將入住的富都酒店是臺灣資金的酒店，比較複雜，要我們注意。我們聽後真不知道到香港以後會發生什麼。

跨過羅湖橋

一九八三年二月六日我和邦瓊從廣州乘火車到了深圳，一下火車看見深圳街上人少、公共汽車少、商店也少，給人以荒涼的感覺。過了羅湖中英雙方海關，我和邦瓊終於踏上了香港的土地，這是一種令人奇怪的感覺，香港到處是和我們一樣的中國人，但他們說的話，我們一句也聽不懂，這裡又不屬於中國管，是英國的殖民地。我童年時是生活在老牌資本主義國家的英國，但我對什麼是資本主義社會，是在大陸讀書學政治歷史，講社會發展史得到的認識。那資本主義社會是非常黑暗，是人吃人的社會。資本家殘酷剝削工人的血汗錢，現在美國，英國都已發展到帝國主義階段，只等無產階級起來革命，就會變為共產主義社會。我想起了我們所學的社會發展規律，最早是原始共產社會，進一步到奴隸社會，再進一步到封建社會，從封建社會到資本主義社會，再到帝國主義，也即是資本主義的最後階段。這些知識充滿了我的頭腦。現在我有機會來見識英帝國主義統治下的香港人民，生活到底有多麼痛苦。

邦瓊和我到了羅湖火車站，馬上就打電話告訴我們在港的朋友孝蘭，我們已到羅湖。並已買好去沙田的火車票。我們看見公用電話，但不知怎樣用，弄了半天丟進去的硬幣老跳出來，正在這時一位香港婦女走過來幫我們解決了問題，我忙用普通話說謝謝你，她微微一笑就離去。孝蘭一家住在沙田，我們就準備先在孝蘭家住下再去租房子。邦瓊和我一坐上羅湖去沙田的火車，就

看見很多人手中都拿著報紙在認真讀，我心想香港人也這麼關心政治。後來才知道原來他們在讀馬經，港人喜歡賭馬。到了沙田火車站，孝蘭的先生來接我們，孝蘭在家裡高興地迎接我們。她看了邦瓊的衣著就忙說，快不要穿這衣服，太老土了，人家一看就知是大陸來的。那時港人不太看得起大陸人，我一聽心裡還納悶，邦瓊身上穿的衣服還是我參加廣交會時，在廣州特意給她買的貴料子，回成都請好裁縫定做的。孝蘭從房裡拿來一些她的新衣服要邦瓊自己選，邦瓊選了一套穿上，果真這樣邦瓊看起來更加年輕自然。第二天孝蘭和她先生陪我們去找房子，我們非常喜歡沙田的環境，有山有水空氣很好。我們在「沙田第一城」分租了一間房。香港地小人多，房價特高，一般說來每家房子都不大。因我們的行程一直定不了，父親只好等過了春節二月十六日才來港。邦瓊和我就有時間去熟悉一下香港的環境。我們先在沙田的商場逛逛，再到九龍彌敦道看看我們要和達達一起住的富都酒店。我們被這琳琅滿目的商店和大商場所吸引，當然價格對我們這些月工資只有五六十元人民幣的人來說還是太高了，這兒的物資極大的豐富，和我們的想像差得太遠。難怪有那麼多偷渡客來港。我們到天星碼頭乘渡海小輪到港島，這裡的高樓大廈林立，使我想起小時看到的紐約。邦瓊去買了一套漂亮的時裝準備去接達達和我的繼母時穿。我們把在香港和達達及繼母的合照寄回成都給孩子們看，一天我在廠裡的一位學工來我們家玩，兩個孩子把我們寄回去的照片給她看，她指著邦瓊，問兩個孩子這是哪個？孩子們說是媽媽，我的學工驚訝的說：「真不敢相信這是趙師娘。」到香港後我發現懂英語用途非常大，走到哪裡只要說英文，別人就會對你很禮貌，那時普通話在香港並不流行。

父子重聚

一九八三年二月十六日香港啟德機場，三十四年後父子重聚。

　　二月十五日我們幾乎一夜未眠，邦瓊和我不停地談論明天去啟德機場迎接達達時，不要太激動，因達已是八十五歲高齡的人，激動不得。在談起我們到港這幾天的所見所聞，邦瓊說，她真的感覺好像進入了天堂，一切事情都是那麼的不可思議。邦瓊自和我結婚以來從未過個一天好生活，直到有了達達的接濟，生活才有了改善。在那黑白顛倒度日如年的困境中，邦瓊從來未想到會有今天，她任勞任怨，盡心盡力的撫養我們的兩個孩子，維持著這個隨時有可能遭拆散的家，這時她怎麼會不感慨呢。

　　二月十六日中午，在孝蘭先生的陪同下，我們提前到了啟德機場，看見頻頻起降的各國航班真是一派繁忙景象。我們走到公佈抵港飛機的電動顯示牌前，看見一班班赴港飛機到達，終於看

見達達乘坐的中華航空飛機安全到港。我們非常興奮地跑到接機口去等侯，等了好久還是不見達達，我們又跑到另一出口，一眼就看見達達和推著行李車的繼母，達還在四處張望，找我們。我馬上飛步向達達奔去，口中不停地叫：「達達，達達」這是我三十四年來一直想叫但無法叫出的兩個字，這時達達也看見我們了。我們父子倆緊緊地擁抱在一起，都不知說什麼好，這擁抱好像是要彌補這幾十年的分離，要傾訴這幾十年的父子離別之情，更要告慰我們最親愛的媽媽在天之靈，在媽媽的保佑下我們父子終於又團聚了。這時達和我都已淚流滿面。邦瓊走過來把我們帶來的鮮花獻給達達和繼母，邦瓊也已淚流不止。

　　這次團聚因時間很短，要想說的事情太多，我們在酒店裡談話佔了很多時間。達達對這兒媳婦大加稱讚，說邦瓊和我同甘共苦，勤儉持家把兩個孩子扶養長大，是我們趙家的大功臣。達達還帶來四塊各一兩重的黃金，他說這是他一九四九年十二月離家時，媽媽非要達達帶著以防路上遇緊急狀況好用，達達本來是留給媽媽家用的。這幾十年來達達一直把它珍藏起來，今天他把這四兩黃金交到邦瓊手裡說，你和久安留兩塊，另兩塊給阿姐、久倫，你們都要把它作為最珍貴的紀念品好好保存。達達還從他放在一個小箱子裡的信封裡取出一束頭髮給我們看，這是媽媽寄給達達的最後一封信裡，從頭上剪下來寄去，讓達達帶在身邊，以示永生永世等著達達。箱子裡還放著我們在大陸一大家子，從七九年和達達聯繫上以來，給達達寫的所有信件。我的繼母說，這些就是你們達達的寶貝，他走到哪都要隨身帶著，哪怕去開會也提著不離身。達達給我談到一九四九年他離家時的矛盾心情，他在上飛機後才知道是去臺灣。他非常愧疚，把我們一家拋棄不

顧，一直在自責。我安慰達達說，一切都已過去了，我們現在能夠再團聚就非常不容易。達達問我還記不記得我小學一位同班彭姓同學，他父親帶他去了臺灣，我說記得，達達說他現在在法國，是一位畫家。我告訴達達，彭同學留在大陸的一個弟弟被逼瘋，大哥在廣元教書。「文革」中在四川廣元被處決，而被處決的原因竟是他認識的一夥人跑到新疆去，被認為是想去蘇聯，即企圖投敵判國，這些人被抓回廣元判處死刑，其中一人經查是工人階級出身，紅五類不能殺，怎麼辦，就把彭大哥抓去頂了。人的命運是多麼不可預測。父親還提到一九四六年我們回國後，姑媽曾向他這哥哥提出希望能買一點田，因姑媽一直是租地主的田來種。我父親說幸好沒買，要不姑媽成了地主就受罪了。

我的父親

父子促膝談心。

　　我的父親對我說：「我要告訴你達達的一些事，要不你還不知道你老子是怎麼樣一個人。」在我們父子談話時，達就請邦瓊陪我繼母到外面去轉街。

　　達的祖父是一個在清朝時四川郫縣地方的一個小官。有三個兒子，達之父行么，有一個大伯父是屬哥老會之類的組織中的一個頭目。達之父有許多壞習慣，抽菸、賭錢、打架。達還記得爺爺的一些小故事，因為有了兒子，爺爺非常高興，常帶達騎馬馬肩[1]出去玩，遇著下雨就把身上穿的衣服脫下蓋在達頭上。一次爺爺去打紙牌，達在爺爺肩上坐著看，當看見爺爺輸了錢，年僅四歲的達竟叫一個熟人將爺爺的一吊錢拿回去給婆婆，達想錢輸

---

[1]　小孩坐在大人肩上的遊戲。

完了怎麼辦。爺爺說這小子真厲害，這麼小就會干涉大人。達四歲時爺爺因胃出血去世了，當時留下達和一個六歲的姐姐，她後來也因病去世，還有我姑媽在婆婆肚子裡，爺爺去世後不到一個月姑媽誕生了。在爺爺在世時大伯祖父買了一套三合院，大伯祖父，住正房，爺爺和婆婆住側房，不要房租，分開吃飯。爺爺臨終前達去抬著爺爺的頭，表示後人要爭氣，這時爺爺的舌頭已開始發硬，就對著大伯祖父說：「我的兒，我的兒。」爺爺的意思是請大伯祖父照顧他唯一的兒子。

爺爺去世時婆婆年僅二十八歲，這時大伯祖父把婆婆全家接到一起吃飯，擔負起供養弟媳全家生活之責任。婆婆是一位有恆心，能忍耐、勤儉的婦女，她白天要煮三頓飯，晚上領手工回來做，每天晚上在油燈下做襪底至半夜。一九〇三年達達五歲入私塾拜葉潛夫先生為啟蒙師，一年背誦三字經、百家姓、大學、中庸、學而先進、七冊。葉師對婆婆說達達必入學（入學俗稱考取秀才）葉師即為秀才。後來達達讀小學時，夜晚經常坐在油燈下挨著婆婆，婆婆做手工，達達做功課。達從小學起一直很用功，成績總是前三名，小學畢業考進了初中，考初中的作文題是「勤奮有益說。」初中三年畢業後，大伯祖父已無經濟力量供養達進成都的高中，大伯祖父也有兩個兒子但因經費不夠，達達的成績又好，所以只有達達一人讀初中。達一直非常感激大伯祖父給他的學習機會，每年祭祖都要祭大伯祖父。

初中畢業後，達為了繼續讀書，步行三百餘里去遂寧考測量學校官費，結果失敗，三千多人考，只收很少學生。後又考師範又失敗，這時達才十五歲。大伯祖父責備婆婆說：「他這樣小小年紀讓他走三百多里去考試，萬一出了事，我怎麼對得起死去

的么弟。」當時婆婆對外面的事什麼也不懂，都聽達達說，就讓達達去考學校，並把自己做手工積蓄的錢給達達一點。婆婆存的錢放在一個木櫃子裡，有一次鄰居家起火，別人來幫忙抬家具出去，一抬櫃子真重，就說：「趙么嬸，這櫃子怎麼這樣重。」兩次失敗後，達達一點也不灰心，後來成都四川第一師範來招生，一千多人考，收九十六名，前八十名為官費，後十六名「備讀生」自費。達達通過三場考試，最終以前十多名成績考取了四川第一師範，位址在成都鹽道街。讀了兩年，學校鬧學潮，原因是老校長被撤換，學生不歡迎新校長。達達見同學們說話不行，說不清道理，就上臺發言，受到同學們的稱讚，被選為總代表。最後老校長仍未回來，不受歡迎的新校長也沒來，而換了另一位校長。由於這事，學校當局認為達達不安份，就以達達打撲克牌為名將他開除。其實達達從來不打牌還要勸告同學不要打牌。達達以前的名字叫趙良襄，後因被學校開除並被通令不能被其它學校錄取，就改名為趙惠謨。他說一個人可能因禍得福，因為被開除後才去考高師，如不然畢業後就去教小學，就不會有以後的歷史，這是他一生的一個轉捩點。

後來達達又考上北平師範大學，他到北平時身上只剩夠買一個燒餅的錢，但一進學校一切都是官費。達達北師大畢業後，在河南省第一師範和湖南長沙第一師範任教，後帶學生去投考黃埔軍校。正值「五卅」慘案，英國巡警在上海南京路向手無寸鐵的群眾開槍，當場打死了十三人，傷了幾十人。激於義憤，他自己也考入黃埔軍校第四期，編入步一團步二連。達達還說在黃埔軍校，他們住的宿舍是草房，每天一早就要去跑步，達在同學中是年齡較大的。他還講了一件趣事，高魁元和林彪都在黃埔四期步

二團，還在一個連，更巧的是他倆還是睡在同一床的上下鋪。幾十年後，一個在北京做國防部長，一個在臺北做國防部長，達達說，這巧不巧。達達黃埔軍校畢業後就參加北伐，後加入國民黨改組派。

一九三五年達被派去英國倫敦，在中華民國駐英大使館工作，並在倫敦政治經濟學院半工半讀。那時大使館是郭泰祺大使在任，他和達雖然是上下級關係，但他們以前在一起搞黨務就很熟悉，因而關係很好。

達還告訴我一些他驚險的經歷和搞外交時的感受。一九二七年由蔣公（蔣介石先生）特派為總司令辦公廳服務員，蔣公時任國民革命軍總司令，駐節南昌。當時連我父親只有三個黃埔軍校畢業生被派擔任此項職務，第一期、第三期、第四期各一人，與總司令蔣公鄰室辦公。張岳軍先生（張群）時任總司令部「總參議」與我父親同室辦公。一天有人去到蔣公辦公室，裡面爭吵很厲害，突然槍響，一個人被從辦公室拖出來，我父親說到這兒直搖頭。同年國民黨搞「清黨」我父親因是「改組派」成員，被冤入獄關在南京老虎橋監獄。在獄中兩個多月，同時關在一起的人有的被處決，我父親說他以為自己必死，棺材都放在牢房外面，棺材裡面還撒了石灰。他又告訴我，他的救命恩人是何應欽先生[2]，當時要何簽字才能處決，當何看到我父親的名字時，問了一句，他是做什麼的，答黃埔四期的，何說：「都是同學，相煎何太急。」就這樣，我父親被判無期徒刑。後無罪釋放時，與審判

---

[2]　何應欽（一八九〇年～一九八七年）字敬之，貴州興義人。國民黨陸軍一級上將。曾任黃埔軍校總教官，軍委會參謀總長，國民政府行政院長。

長胡逸民[3]握手謝別。我父親以後多次與何應欽見面還和他合影，但從未提及此救命之恩。下面摘錄一段我父親七五年（一九八六年）丙寅七月十二日的日記：

> 上星期四有自稱高太太者，言其夫為南京老友，生前常稱讚念余，欲一訪，並無它事。因約次日院（立法院）見，已知民十六（一九二七年）在南京曾識高明或高民其人，似為黃埔或師大同學也。星五院見高老太太，果係三期高民同學，係老虎橋五六月同窗。高兄病中遺著《暮年意往》小冊第五頁有：『同學關在這裡的十餘人……其中才能出眾學識優良者，首推川人趙惠謨，浙人何志浩[4]對外消息亦最靈通，不時集議應付辦法。』高太太還說：『高兄經常提念及余，特加稱美，但無法聯繫。近始探悉余址，故特約訪，藉了高兄心願。』並日產香菇一盒，水梨一盒，聊表情意並無他事相煩。余深感，高兄，短期相處，竟獲深知，長期相念不忘，與何志浩兄同形諸筆墨。余在獄中確為被冤諸同學拼力相助早日出獄，自己則在寧漢合作完成最後一人，與審判長胡逸民握手謝別，還我自由。審判高兄之酆悌[5]，因長沙大火案被槍決。判余無期徒刑之劉伯龍亦於三八年（一九四九年）貴陽撤退時因違命被槍決。六十年往事因高嫂過訪，及閱讀高兄『遺著』，不禁感慨繫之也。

---

[3] 胡逸民為同盟會資深會員，曾任國民黨清黨審判委員會主任。中央軍人監獄長，江西省高等法院院長。

[4] 何志浩曾任國民革命軍第二十五師師長、總政治部政戰計劃委員會主任委員、總統府參軍長等職。退役後受聘為中國文化大學教授。

[5] 酆悌（一九〇三～一九三八）黃埔軍校一期學員。

我的父親（右）和何應欽先生合影。　　我的父親在赴臺黃埔軍校四期同學年會
　　　　　　　　　　　　　　　　　　上發言。

　　一九三〇年二月十八日晚，在上海法租界環龍路邁爾西愛路三一四號中國國民黨改組同志會洽談處發生了暗殺王樂平[6]先生的事件，還有幾位工作人員同時遇難。本來當晚，應由我父親輪值，但一位名潘行健的同志，他是黃浦一期，廣東人，以我父親新婚，自願代我父親輪值，結果不幸同時遇刺。達說到這裡，還回想起當時潘行健以粵音國語，笑拍達達的肩謂「你早點回去陪太太好了。」達達說現在憶及音容宛在。那時我的乾爹蕭華清和我的父母住在同一樓的隔鄰，早晨他在一份英文報上看到昨晚發生的兇案報導其中傷者趙麟祥，與我父親之原名趙良襄譯音極相似，就在我父母門外大叫亞雄，亞雄，惠謨回來沒有，當聽到我父親的聲音才放心，這時我父親才知道他的同志替他去死了。

　　達又給我講了一次讓他感觸最深的經歷，一九四二年七月七日我抗日五周年（我國從一九三七年七月七日開始抗戰但到

<hr>

[6]　王樂平（一八八四～一九三〇）名者塾，字樂平，山東諸城人。一九〇七年加入中國同盟會，一九一一年參加辛亥革命，後當選為山東省臨時議會議員和國會參議員，一九一八年當選為山東省議會秘書長。在一九一九年至一九二一年期間，對濟南共產主義小組的建立起了重要作用。大革命失敗後，王樂平成為國民黨改組派的核心人物之一，為蔣介石所忌恨，一九三〇年被刺殺於上海。

一九四一年十二月九日「珍珠港事件」兩日後，蔣介石先生代表中華民國政府才正式對日宣戰）當天我父親代表駐荷大使館出席了由英國政府安德里副首相率領全國各部大臣，各市市長在亞伯特皇家大廳為中國抗日舉行的紀念大會，會後我父親請外交部人事處長鄭震宇，轉呈校長電，電文如下。

> 校長鈞鑒，英國政府今晚由安德里副首相領各部大臣，全國各市長，在亞伯特皇家大廳為我舉行抗日五週年紀念大會，首奏我國歌全體脫帽肅立，莊嚴靜穆，不平等條約廢除[7]，祖國的平等恢復，不禁熱淚盈眶。今後誓願在校長領導下以死以生以報黨國。
>
> 生趙惠謨

我父親一直稱蔣介石為校長，從我父親的談話裡，我懂得了國家強勝才會受到尊重的道理。聽了我父親講的他這段經歷，連想起一九五四年，我初中要畢業時，聽到一則傳聞，中國的總理周恩來在日內瓦的國際會議期間受到美國國務卿杜勒斯的羞辱，他拒絕和已伸出手的周恩來總理握手，我和同學們聽了都感到非常氣憤。這就是明擺著看不起中國，因中國是弱國。我告訴父親，我雖然在大陸受到許多不公正的對待，但始終熱愛自己的祖國——中國。我看見中國不再在世界上受欺凌就會感到自豪。我父親點頭贊許我說，我們都要做堂堂正正的中國人。我的父親還告訴我一些人對他個人的評價，校長[8]曰：「趙惠謨，嗯，嗯！我

7　中英發表關於撤銷不平等條約之換文。

8　蔣介石總統，在一九六九年於中央黨部常會上發表的言論。

知道他有意見嗯，嗯！對黨還忠實。」我父親笑說幸好有後面一句。黨代表[9]曰：「惠謨同志甚麼都好，就是脾氣太壞。」陳誠[10]先生曰：「趙惠謨同志有話就說，沒有惡意，不要管他。」袁守謙[11]同學曰：「趙惠謨同學只講是非他贊成的自然舉手，否則磕頭也無用，不要找他。」馬濟霖[12]同志曰：「有人說趙惠謨只講公理沒有私交。」他自己說：「趙惠謨曰：『盡吾力之所及，行吾心之所安，我自有貞無愧天地。』」在聽我父親講話時，他不時冒出一句「共匪」，我就說以前大陸都叫「蔣匪邦」，現在已不叫了。

下面是我父親在立法院的一次發言使我對其政治信念有進一步認識。

前言——從政與政治信念

以國家利益為前提，以人類福祉為歸依，全心全力，從事政治工作，此其人必先有其堅強的政治信念。本院先進同仁，對各項政治問題，雖時有見人見智，主張不盡相同之處，而各人有其各自之政治信念，則為無可置疑者。本席選入本院，亦既六十一會期。馬歲，八十，愧少建白。民國八年五四運動，任四川省學生會總幹事，加入中國國民黨，以相信安那其主義之互助論，人權論，與閱讀吳稚暉[13]先生等

9　汪精衛曾任黃埔軍校黨代表，一九三六年在日內瓦他告訴郭泰祺大使，後由李平衡轉述其言論。

10　陳誠為國民黨高級將領，歷任臺灣省主席兼警備總司令，中華民國行政院院長，副總統，國民黨副總裁等職。

11　袁守謙為黃埔軍校第一期國民黨中央常委，中華民國總統府資政。

12　馬濟霖為國民黨中央評議委員。

13　吳稚暉為國民黨元老，以提倡無政府主義著稱於世。

在巴黎出版宣傳安那其主義之世界社書刊，即開始與相信共產主義，主張階級鬥爭，無產階級專政之同學，爭辯對立。民十二年畢業國立北平師範大學，任教開封第一師範，長沙第一師範，亦時與共黨周邊團體對抗，民十四年秋入伍黃埔軍校四期，任連黨部常委，與共黨，段德昌[14]（後任賀龍之副司令）、曾宗聖希聖[15]兄弟（後任匪皖南省要職）鬥爭，民十五年春，考升，黃埔四期軍官團，更與同連之陝籍主要共匪劉志丹[16]鬥爭。已故之羅列[17]同學並肩作戰。十月畢業後，任職排長，蔣公特調總司令辦公廳服務，每日在鄰室為校長用紅筆圈閱上海申報商報等報，特加大標題後呈閱，得時進言南京克服後，改任軍校政治教官。十七年春創辦夾攻週刊，參加黨務活動力爭民主。嗣轉任北平新報主筆。民國二十四年春再轉外交職務，先後任駐英、駐荷、駐比利時大使館秘書領事，駐捷克大使館代辦，出席國際聯盟，國際勞工會議。襄訂中荷平等新約。民國三十五年，調返外交部服務。迄三十七年當選一屆立委，即參加外交委員會，任多屆招集委員。並擔任黨務基層小組組長，自四十二年迄今，連

---

14 段德昌（一九〇四～一九三三）湖南南縣人，黃埔軍校四期和中央政治講習所學生，一九二五年加入共產黨，曾擔任國民革命軍第八師政治部秘書長，曾介紹彭德懷加入共產黨。一九三三年五月一日在湘鄂西肅反中被錯殺於湖北巴東金果坪。

15 兩兄弟均為黃埔軍校第四期學生。曾希聖曾擔任安徽省，山東省委第一書記，六十年代因主張農村實行包產到戶被批。

16 劉志丹（一九〇三～一九三六）陝北保安縣人。一九二四年黃埔軍校四期學生。一九二五年加入共產黨。一九三五年任紅十五軍團副軍團長。

17 羅列曾任胡宗南的參謀長兼第一軍軍長。赴臺灣後任國民政府陸軍總司令。

任二十五年。以本席之愚在本院院會，暨外交委員會，乃常冒昧發言孜孜不息者。蓋本六十年來一己之五項政治信念，願追隨，諸先進同仁之後，求心之所安而已。一，全貞──立地頂天守正不二。人溺己溺，人饑己饑，行吾心安，盡力所及，本我良知，維彼正義，我自有貞，無愧天地。二，汎愛──天恩地慈，澤人及物（參閱哥林多前書）。愛是恩慈，愛是奉獻，愛是犧牲，愛無己見，凡事盼望，凡事包容，愛無止息，宇宙涵融。三，執中──天下為公有容乃大。作人以誠，從政以公，民吾同胞，物吾於也，八德四維，四海皆準，唯誠唯公，允執厥中。四，樹人──堂堂正正中華兒女。民惟邦本，本固邦寧，人師經師，範鑄吾民，泱泱中華，堂堂正正，化雨春風，百年樹人。五，大同──以建民國以進大同。人人自由，人人平等，各取所需，各盡所能，小小組織，大大聯合，汎愛互助，世界大同。

這裡有一篇介紹我父親的文章，登載在當代名人錄上。

趙惠謨先生

名良襄，四川郫縣人，民前十二年生，民國三年，考入四川第一師範，民六年以學潮遭斥退，通令禁入全省學校改以字行，同年考入國立成都高等師範，民八年任四川全省學生總會會長，加入國民黨，並研信安那其主義，開始反共鬥爭，民十二年畢業於國立北京師範大學。任教開封長沙第一師範，民十四年與兩校學生十餘人，同赴廣州考入黃埔軍校四期，民十五年畢業，任新編第一師少尉排長，民十六年元月，面向校長蔣公力陳扶助農工，應與

反共同時進行，奉特命調總司令辦公廳服務，因得面請蔣公由中央創辦黨務學校，民十七年任中央軍校，政治教官，編《三民主義綱要》為教材，創辦《夾攻週刊》鮮明反共，對知識青年，頗激起高潮，並參與國民黨黨務活動，力爭民主。民二十

我父親的政治理想

年任北平新報主筆，日寫社論一篇。二十四年任駐英大使館秘書，入倫敦大學政治經濟學院為研究員。曾任國際聯盟中國代表團秘書，國際勞工大會中國副代表，民三十年調駐荷蘭大使館秘書兼領事，襄訂《中荷平等新約》。民三十四年任駐捷克大使館代辦，同年，兩次投函倫敦《泰晤士報》，為我國英勇抗日準備行憲辯述。民三十五年自請調部，任外交部顧問，社會部顧問。民三十七年當選「行憲第一屆立法委員」迄今。歷任外交委員會召集委員，民四十七年，兼任臺灣省海洋學院教授，民四十八年應美國國務院邀請赴美考察，在立法院首促教育部禁止臺北美國學校招收我國學齡兒童，民四十二年通過《中日和平條約》時，單獨宣稱有所不同意見，宣佈「棄權」，在場未參加表決。民五十四年對《在華美軍地位協定》提案，促外交部從速簽訂，連署委員一四二人。六十二年力爭教育部增設師範教育司，以八十四對一百一十二票未通過。歷年在立法院院會，對用人，外交，教育，農糧等問題，常提嚴正質詢以公正敢言著稱。

和父親在港的生活

和父親、繼母攝於香港海洋公園。

在港期間,我們還一起到美孚新邨去看我父親的老朋友,杜均衡伯父的夫人,並準備請她一起去吃飯。杜伯母一九四九年沒去臺灣,留在成都被「管制」了幾十年,吃了不少苦。現因杜伯伯的關係到香港來定居。他的兒子杜九森曾和我在成都軸承廠是同事,一九七九年他被批准到香港時,通過一位姓蔡的同事介紹我認識他。他很熱情地要幫助我找我的父親。當時,我已經通過二姐和我父親聯繫上。但為了安全,我不願告訴任何人,也未告訴他。我給了九森一張文革後退還我的我父親的照片,照片被用紅色油漆畫了一個大叉。九森還到我家來,要我告訴他我的情況。他到港後寫了一封信去臺灣,請他父親轉交給我父親。現在

我還保留著這封信。我父親一見到杜伯母就叫杜大嫂，這時杜伯母一點也不給面子，指著我的父親說：「你們都是沒良心的」。我父親陪著笑臉，要杜伯母諒解，但杜伯母接著又痛斥杜伯伯和他在臺灣結婚的太太，這時我的繼母開始坐立不安，臉也紅了，直說要走。原來杜伯伯在臺灣的太太和我繼母是朋友。我們誰也沒想到這次拜訪，竟成了一次令人尷尬的會面。我們告辭走到門口，杜伯母拉著我的手，低聲對我說：「你這次要狠狠地敲你老子一棒，以後他不會再給你錢」。在我繼母的堅持下，我父親未再去請杜伯母吃飯。我和邦瓊完全能理解杜伯母的心情，但還是對她的不冷靜深感遺憾。我也理解杜伯母為什麼要叫我狠敲我父親一棒，她是在關心我，但是她並不瞭解我的父親，不瞭解我，更不瞭解我們的家庭關係。

達還告訴我們，二姐寧祖和馬二哥是怎麼委託朋友及時告訴他我們的消息，那時我的繼母正要我父親去過繼一個她的親戚的小孩，她說因達已年老無後人，我父親還在猶豫不決。一九七九年七月十四日一位陳先生受二姐和馬二哥之委託，到臺北武昌街告訴我父親：「夏間寧祖夫婦到成都親見久安，並得知久英久倫都仍健在，久安請代探父親的近況」。達一聽到這個特大喜訊高興地說我的兒女都在，我有後人。達馬上寫了一封信請陳先生帶給二姐，並附上一張我不久後收到達寄給我們的第一張小時候在英國Moorpark的照片。現摘錄一段我父親寫給二姐寧祖的信：

> 寧祖賢姪，一別卅餘年。前日晤及陳先生，知你家庭美滿，生活愉快，並闔府均安好，天相吉人，高興萬分。並特別承你請陳君訪我行址，轉請告知你最近在成都親見我

的安兒，並知三姐弟妹都仍健在。寧祖賢姪，承你費神託
人轉告，此項厚情將永感不忘。

　　他還告訴二姐，他十年前從英國何伯伯處得知媽媽不幸病逝
的噩耗，悲痛萬分。他還說因年老，已續弦，繼母對他照顧很
好。達達還要瞭解我們三姐弟妹的家庭、夫婦、子女及生活職業
與現住地址狀況。達還特別囑咐，請二姐「與成都通信暫時請勿
提及我與臺北，恐累及英安倫」。就這樣，我們和失去聯繫三十
年的達達又聯繫上了。
　　在港期間，我們和達、母一起去「海洋公園」。這是我們第
一次去玩，當乘坐纜車，看見碧藍的大海和美麗的公園，使人感
到心曠神怡。在海洋館，看見千奇百怪的海洋生物，我們都非常
感興趣。每天我們都在餐廳吃飯，只有早餐是我和邦瓊到外面去
買麵包、蛋糕和牛奶回酒店一起吃。我們住的兩個房間，中間有
一個門相通，達說，這樣才有在家裡的感覺。我們去彌敦道上的
「北京樓」餐廳最多，餐廳老闆都認識我們了。有時也去一些茶
餐廳吃小吃，還有父親的朋友請吃飯。但邦瓊吃不來廣東菜和西
餐，連海鮮也不吃，她畢竟是第一次離開家鄉，還不能適應。有
一天晚上吃過晚餐，達要邦瓊陪母親先回酒店，他要和我在街上
走走。達直往彌敦道上的「裕華國貨公司」的大樓走去，他說進
去看看，我曾告訴達，可去裕華國貨看看大陸的產品，但他不願
去。今天他有這個興致要去看看，我當然很高興。我們父子倆在
商店裡慢慢轉，每層樓都去看，看見大陸生產的日用品、時裝、
鐘錶、電器、工藝美術品及土特產品，達達不斷感歎說真了不
起。又用手比示，臺灣和大陸相比，只是一個小指頭。我問達要

不要買點什麼，達說不買。我心裡在想，大陸說臺灣在水深火熱之中，臺灣大概也不會說大陸的變化和發展。我們回到酒店後，達對邦瓊說明天可陪母親去「裕華」看看。我們父子之間的談話內容，按達達的一個原則是「父子之間只談家事，如談其它，立即停止。三代團圓第一要緊」。只有一次達對我說：「任何共產政權，都不可能由外力去推翻，只能由其內部，起來變革才能改變」。後來事實證明了達的認識是正確的，但他都沒有看見。我們父子在一起感到時間過得太快，好多話都還沒有說。

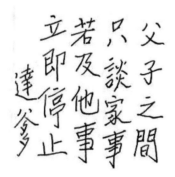

父親的訓示

　　二月二十七日（農曆正月十五）這天是中國的傳統節日過大年，家家戶戶都會全家團聚在一起吃元宵。而今晚遠在千里之遙的成都老家，久倫、遠謀、他們的兒子海海，還有我們的兩個兒女正興奮地站在水碾河CMEC宿舍收發室的電話旁，等待著遠方親人的佳音。九點正我在九龍的富都酒店把電話撥到成都，達達

馬上接過電話叫，倫兒，倫兒。這時久倫太激動了，她一直在喂喂的喊，達又把電話給我，我才告訴倫，剛才是達達在叫她，要她慢慢和達說話，時間長一點沒關係。這時達又拿起電話來一個一個的說。後來久倫告訴我，她太激動，三十四年沒聽見達達親切的聲音叫，倫兒，她眼裡已充滿淚水，寫好的說話稿也模糊了。爺爺又問孫兒女們的身體和學習，要他們注意鍛鍊身體，好好讀書。爺爺還開玩笑說：「爺爺離家已幾十年，說話還是川腔鄉調，改不掉。」最後達說希望大家早日團聚。今天我們全家過了一個別致而又溫馨的大年。父親還給在大陸的親朋好友錄音問候，他給我姑媽，還有黃大哥都說了話。二月二十八日我和邦瓊懷著依依不捨的心情，在啟德機場送別了達達和我的繼母，他們乘飛機回臺北。我們還會再見面嗎？什麼時候才能再次相聚？這一切都不能由我們自己決定，這是何等殘酷的現實。後來我在父親的遺物中看見，他八三年二月二十八日返回臺北家裡所寫〈愛兒泣別兮〉：

> 港不准留，「臺」不能來，「美」不能去，茫茫四顧，入地無門，上天無路，熱淚擁抱，促膝密談，亂事親情，亂事骨肉，淒然泣別兮，奈何奈何。

可見達一位八十五歲高齡的老人心裡是多麼痛苦。一九八三年前，只要到了香港，就可自己選擇留不留下來，但從八三年開始，就實行赴香港單雙程證，單程證可留下定居，雙程證不准留，我們發的是雙程證。而臺灣規定，大陸的人要在第三地住滿五年才可赴臺灣。父親回臺後，我和邦瓊又在香港住了一個

星期，每天和達通電話，直到我們離港前夕和達通電話時，誰也不願先放下電話。最後達帶著顫抖的聲音，一定要我們先掛斷電話，我們才說，達達一定要多多保重。離開香港後，我們先到襄樊去看阿姐一家。我們在阿姐家裡合影，大家非常開心，想起七年前那張「到處鶯歌燕舞」的照片和現在的情景真是天壤之別。我們離開襄樊時，阿姐和我姐夫送我們倆到武漢去乘船，我們途經西陵峽、巫峽、瞿塘峽到重慶。因這是邦瓊第一次出來旅遊，第一次乘輪船，達達一定要我們買好的船艙，我們買的二等艙是兩個人一間房，還帶衛生間，船上沒設頭等艙。我們住的這一層，除了我們倆，只有幾個在船上來開會的幹部。我和邦瓊每天站在船舷欣賞三峽的壯觀，兩岸的懸崖絕壁，和那彎曲的水道，有時使人以為前面沒有路了，真是天險，但正如人們常說：「船到山前必有路」、「柳暗花明又一村」，船沒有停下來。想著自己走過的人生道路，想起媽媽常說的一句話「天無絕人之路」，使我無限感慨。我們倆站在一起好像進入夢鄉，這幾年發生的事是真的嗎？我們還是心有餘悸。不知哪天，共產黨的政策又變了，我們又成專政對象。我想，要得到真正的自由，還是早離開這裡為好。

我們全家一起紀念媽媽

一九八五年香港屍羅精舍，父親在給母親拍照。

一九八五年，當局批准我和阿姐、久倫一起去香港和父親團聚。達達給邦瓊的信中寫到：

> 久英、久倫和久安，來港後，我們多年分離的骨肉又團聚在一起，真是說不盡的悲歡離合。我們在本月十四日（冬月二十四）曾與亞雄媽媽做八十四歲冥壽。在香港「尸羅精舍」大雄寶殿，與她唸經祝壽。

這次我們三姐弟妹赴港與達達團聚，特別選在媽媽八十四歲冥壽的日子，那天晴空萬里，打早我們全家乘車去到青山的「尸羅精舍」。我們走進大雄寶殿，走到媽媽的遺像前給媽媽磕頭。然後跪在媽媽的靈前，由一位方丈領著我們唸「金剛經」。達

達已是八十七歲高齡，也跪在那裡，淚水不止。經我們苦苦勸說請達達不要再跪，他終於同意坐在一把椅子上，和我們一起唸經，由我們的繼母代表達達一直和我們一起跪著。給媽媽唸了一天經，大家

一九八五年香港尸羅精舍，久英、我和久倫在悼念母親。

感到心裡好受些。我們終於在達達的帶領下，全家一起來紀念媽媽。她是一位偉大而平凡的女性，是一位賢妻良母，她把一切苦難承擔下來，默默地將我們三姐弟妹撫養成人，自己卻悄悄地走了。我們衷心地希望，親愛的媽媽能聽見、看見我們今天的團聚，安心的含笑於九泉之下。

晚上回到酒店，達達把我們三姐弟妹叫到一起坐下，他問我們知不知道他和媽媽戀愛的故事，我們都說不知道。達達就講給我們聽。他說，還是他和乾爹在成都讀高師的時候，正值

一九八五年香港尸羅精舍，全家紀念母親。

「五四」學生愛國運動時期，他和乾爹到我母親家去給她補習英文。我外公家比較有錢，母親有七姐妹和一個么弟。母親行五，是家裡姐妹中長得最漂亮的，也是我外公外婆最寵愛的女兒。外公思想比較開通，能允許母親去學校上學。我母親在成都益州女子學校讀書。外公本來要把母親嫁給一個軍人，但母親堅決不同意，外公只好把母親的六妹嫁去。後來我父親考上北平師範大學走了。達說一天他突然收到母親給他寫的信，他真不敢相信母親會給他寫信，因達說他和母親的家庭背景相差太遠，母親是大家閨秀，又那麼漂亮，達達從不敢有非份之想。

達說他不敢回信，也不知寫甚麼好。一直收到母親的第三封信，達達才回了信。後來達達在北師大畢業後，去教過書，又去黃埔軍校，一直和母親通信。一九二九年達達因是「改組派」去了上海，和我母親失去了聯繫，這時母親竟然決定和我外婆、我婆婆三個從未出過遠門的婦女，從成都到北京去尋找父親。當時交通不方便，不知她們在旅途中吃了多少苦。到了北平，找

一九二九年母親離開成都到北平尋找父親前合影。

不到父親，母親就用父親的原名趙良襄在報上登尋人啟事。這時
我父親和我乾爹都在上海，一天我乾爹在報紙上突然看見這尋人
啟示，趕快告訴父親，說：「惠謨快看，快看，亞雄到北平找你
了」，因我父親那時不方便去北京，就請乾爹立即去北平，把我
母親和兩位老人家接到上海。一九二九年農曆十月初十我父親趙
惠謨和母親裴亞雄在上海法租界「霞飛電影院」結婚。聽了達達
和媽媽的故事，我們都非常感動，在那個時代要有媽媽那樣的勇
氣，還真不容易。一九三一年我的父母親又到北平。我這裡有一
些我父親得知我母親去世的消息後所寫的悼念文：

十年「悼亞雄妻」

十年，十年音訊口頭傳，六十年（一九七一）七月一日
晚，臺北碧潭萬里家書斷。而今十稔重相問，泉壤睽離已
十年。午接，何思可兄英倫函告，據蓉訊，亞雄妻，已於
十年前病逝痛哉，永無再擁訴懺哀之日，終身抱憾，悲苦
何堪。萬里悲聞來海外，絲絲秀髮故函中。碧潭長跪求君
恕，夢繞華西恨九重。

這次父親和我定了一個家庭計畫，第一要儘早實現三代人的
大團聚，第二要我和邦瓊及孩子們爭取到香港定居。父親用英語
說，對任何事都要本著Hope the best, prepare the worst. 即對任何事
要抱有最好的期望，作最壞的打算。這樣遇事才不會灰心失望，
倉皇失措。達還給我畫了一張我們在老家郫縣祖墳的位置圖，連
小橋小溝都標示出來。我知道達達非常思鄉，但他一直沒有說
出來。達告訴我們他住在臺北一切都方便舒適，但總有一種做客

的感覺。我們回去後按達達畫的圖去找祖墳，我姑媽的女兒和表姐夫都是郫縣人，他們陪我們一起去找，地方找到了，但已沒有墳，問到住在附近姓趙的人家，他們說很久以前這兒是有好多墳。我表姐和表姐夫都說達達的記憶真好。

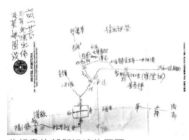

父親畫的郫縣祖墳位置圖。

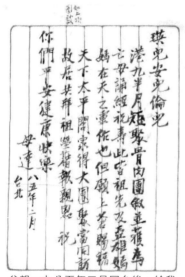

父親一九八五年二月回台後，給我和姐妹的信。

拜訪一位香港資本家

　　在港期間，我去拜訪了一位在廣交會上認識，做機床進出口業務的公司老闆伍先生。我沿著九龍新填地街緩步走著，看見街道兩旁有好些經營各種不同機床的公司，規模都不大。我沒有事先通知伍先生我要去拜訪，因為我是因私來港，不是公事，我怕麻煩他。當見到他公司的招牌時，我走過去，見幾個工人正埋頭在安裝機床。我正要去問伍先生在不在，這時一個人抬起頭來，我一看正是在廣交會上「西裝革履」的資本家伍先生。他滿面笑容的說，趙先生怎麼不告訴我就來了，我不好意思的說，很對不起，因這次是私事來港，我不想麻煩您。他把手上的機油擦掉，給我握手說歡迎我來，並請我上樓到他辦公室去。辦公樓裡放著好幾臺電腦，到處井井有條，我坐下後，他的女秘書就給我送咖啡來。伍先生給我介紹他公司的情況，經營方式，把他的價目表也給我看，他又說他公司有十多位員工，都很年輕，他說待員工要像對自己子女一樣，使大家感到像一家人，這樣大家才會齊心協力把公司工作做好。我在伍先生那兒聽了很多我以前不懂的經營之道，受益匪淺。我也知道了，資本家不是不勞而獲、剝削工人的吸血鬼。伍先生還誇獎我，說他以前發電傳到我們公司，有時要幾天才有回音。有一天他很急又發了電傳去，結果當天已是大陸下班時間還收到了回音。後來才知道是我到公司工作回的電傳。我向他解釋，當時我們公司因懂英文的人少，發電傳的同

事加班也無用。中午伍先生請我在國際大酒樓吃飯，吃的好而簡單，一點也沒有浪費，我想這也是我們應當學習的。伍先生又說，你看，來吃飯的人，工人和老闆都吃得起，都進同一餐廳，老闆和工人不同是在住房上，老闆住大的好的房子，工人住的較小較差的房子。下午，伍先生又陪我去參觀他在新界的倉庫，那裡放有他從我們公司買的，都江木工機床廠生產的WA-12機床，這些機床已售泰國，過幾天就來提貨。這次我到香港，看見香港人的高效率工作，連人們在街上走路都非常快，這樣的社會一定會繁榮。一九八六年我到香港定居，又去拜訪伍先生，伍先生很客氣地說，萬一趙先生一時未找到合適的工作，可委屈先到我公司來。他又說他相信我會找到滿意的工作。他又告誡我說，在香港只要不賭，就肯定能發財。我想，不能發財也能過上好的生活。就這樣，伍先生成了我的第一位香港朋友。

到香港定居

　　一九八五年我回到成都後，即開始進行去香港定居的準備，向有關部門提出全家到港定居的申請。同時，我在公司認真學習外貿業務。有時陪同外商去參觀工廠，也增進了我的口譯水準。當我去遞交去港定居的申請時就被告知，若要去定居，也只能我一個人去。理由是，如我去香港找不到工作做，全家就會陷入困境。聽來還是合情合理，但我最大的顧慮是不要重蹈我父親一九四九年遭遇的覆轍。但一切都不能由自己決定，不敢多說，以免引起當局不滿，不批就不批，權在別人手裡，我只能感謝他們的關心。一九八五年底我得到通知，八六年年初我一人可去香港定居。這又是我們全家的一件大事。一月四日正好是冬月二十四，媽媽的祭日，我就邀請阿姐和我姐夫一起回家來紀念媽媽，並和他們告別。臨行前有關部門請我們全家吃飯。市統戰部的一位幹部還找我談話，他說你到了香港要隨時和我們保持聯繫，並說你父親有許多高層朋友，你在港有機會接觸，他們有什麼想法，你要告訴我們。我所服務的公司經理也宴請我們全家，並說，要我放心，家屬將可繼續住在公司宿舍直到全家去港定居。許多我常去的工廠也給我餞行，使我很感動。有關當局也說，一兩年後邦瓊和孩子們都將批准到港定居，一切看來都是好的預兆，我心裡也踏實些了。我在國內工作了二十七年，按照規定要去香港定居必須退職。我在大陸辛辛苦苦受盡屈辱的遺民生活，就這樣畫上了句號。

生活在資本主義社會

父親要我遵行的事項。

　　一九八六年一月八日早晨，我懷著一種複雜的心情離開故鄉
成都。我高興嗎？我悲傷嗎？我留戀嗎？我自己也說不清楚。下
午三時我第三次來到香港。從今天起我要憑自己的能力，再也不
受政治上的歧視，努力奮鬥。下面是我在清理我父親遺物時，看
到父親得知我抵港定居後所寫日記，

　　七十五年（一九八六年）一月八日晚九時半，通香港電
　　話，余方問是否洪宅，即聞安兒呼達達之聲，心如石落，
　　大喜過望，安告四時到港，余立問，是否單程長住，答是
　　單程可長住。十一時睡前，特向書室祖先神位扶椅三跪
　　拜，熱淚盈眶。亞雄吾妻吾愛亦必同感悲喜交集也。

有朋友的關心、父親和家人的
鼓勵，我在不到一個月的時間裡找
到了在香港的第一份工作。資本主
義社會是非常講現實的，因為資本
家的錢是自己的，他一定要用有所
值，不像大陸，一切是國家的，浪
費極大。我從社會底層走出來後，
接觸到大陸的中上層社會，看見官
場的相互吹捧和浪費，這好像都是
很普遍自然的事。有一次我陪外商
去工廠參觀吃得非常豐盛，還剩了

爺爺和兩孫開心的樣子，攝於富
都酒店。

很多菜。那外商私下問我，中國現在還較窮，為什麼這樣浪費。
我只有向他解釋，說中國人很好客。他直搖頭，表示不理解。我
在香港工作的公司也比較大，是一家瑞士公司，專門銷售瑞士和
德國的機床到大陸。我們也有很多外國廠家的代表來洽談業務，
到吃飯時也就是簡單的工作餐，也沒誰認為這就不禮貌或不好
客。在香港去面試的心態是，我不是來求你給我一份工作，而是
讓你知道我有甚麼能力，你需不需要我。在大陸為了找一份工
作，受盡凌辱還得忍氣吞聲，這是多麼不一樣的感受。在我第一
次去面試，還差點鬧出笑話。在一切都談好後，公司也願意接收
我時，公司的經理突然問我要多少工資。我從未想過這個問題，
在大陸給你多少就是多少，你敢說一個不字嗎？我頭腦裡一轉，
我在大陸工作二十多年，好不容易「以工代幹」拿到六級工的
六八‧二三元的月薪，我不能要得太高，有兩百多就很夠了。但
我還是不好意思說出口，他見我面有難色就說，趙先生這樣吧，

我們給你港幣兩千四百元月薪，三個月試用期滿後，就加為港幣兩千八百元月薪，我當然非常滿意，見完工出來，我心裡想，幸好我沒說，要不……。後來我沒去這家公司工作，而到了家更適合我、工資也更多的瑞士公司。當我寫信回家告訴這消息時，邦瓊和孩子們還以為我在開玩笑。當父親知道我這麼快找到了滿意的工作，非常高興。他在電話裡教導我，要公平交易，貨真價實，萬事和為貴，百忍事功成。

　　一九八七年春節，經過努力，邦瓊和孩子們來到香港探親，終於實現了三代人的大團聚。因為只能批准兩人來港，兄妹倆就相互讓，哥哥要妹妹去，妹妹說應該哥哥去，媽媽說讓兩孫去看爺爺。大家相持不下，後來妹妹通過其它關係參加了赴港旅遊團，晚到早走，這也比不准到港好多了。一九八七年春節，在香港三代歡聚的短短幾天裡，每天歡笑聲不絕於耳。爺爺說他這幾十年來從未這樣開心過，每天兩孫都拉著爺爺的手，說個沒完。爺爺回臺灣去的那天，我們全家一起到機場，在貴賓休息室和爺爺話別，我們都充滿著希望能在明年，全家一起給爺爺做九十大壽。

一九八七年富都酒店，三代人在港團聚。

同年七月我正在公司上班，突然接到邦瓊一個電話，我問她家裡都好嗎，她說很好，我問她現在在哪兒，她說在香港羅湖火車站，已來港定居。我真是喜出望外，忙問兩個孩子呢，她高興地說都在一起，這真是一個意外的特大喜訊。因前一個月，邦瓊還說遇到很大困難，有關當局說最多只能批兩個人，來港定居。現在他們都來到香港定居，和我團聚，我怎麼能不激動。邦瓊說他們馬上乘火車，到九龍塘火車站等我。我立即向公司請假，先去McDonald's買了漢堡，我想他們在海關等排隊，一定餓壞了。我飛快趕到九龍塘火車站去迎接他們，我們見了面幸福的抱成一團。我妹妹也是在他們離開前兩天，才知道他們要到香港定居，而我接到邦瓊的電話才知道，由此可見他們三人能同時到港定居，絕非易事。當晚，我們就給達達打電話去告訴這特大喜訊，達達激動的說：「全靠亞雄媽媽在天之靈的保佑，我們的計畫才得以實現，現在達達，爺爺放心了。」我們的兩個孩子非常勤奮，不怕吃苦，到港第二天，一句廣東話都不會就去找到工廠的工作。他們很快學會了廣東話，又有英文基礎，不久就找到更好的工作。

　　到一九八八年一月我們在沙田買了自己的房子，這是我們這個小家庭在大陸做夢也不會想到的事。沙田是我和邦瓊第一次來港所住過的地方，我們喜歡這兒的環境。我們的房子面積五百零九平方英尺，在第二十二層樓上。從客廳窗戶看出去是沙田城門河和沙田公園，我們可以望見河上的八座橋，向遠處望去是遠山和河對面的高樓，入夜後燈光映在河水裡特別美。我們真想接達達和我的繼母來我們自己的家住。在香港安家以後，我們接待了一些有親人在臺灣的朋友，當看見他們坐在我們家裡和幾十年未

見過面和說過話的親人通電話時的激動表情，我們真為他們感到由衷的高興。我們還接待了我小學臺灣籍同學的父母，他們是我前面提到在文革時被抄家揪鬥過的，在臺灣解禁後被批准去臺灣探望幾十年不見的親人。我們認為應該熱情接待這些朋友，正如我們的朋友對待我們一樣。

全家到香港定居住在自己的房子裡。

危險的警號

　　想起一九八一、八二年我剛去參加廣交會時，公司紀律很嚴，不准私自收受外商贈送的任何禮品，收到的禮品全部上交給公司領導。那時的禮品是些國外元珠筆、外國香菸、領帶夾等小禮品。公司領導會把禮品分給公司同事們。一九八七年我到香港工作後，一次出差，從香港乘船到廣州，在廣州市「周頭嘴碼頭」，進關時遇到一件事。那天入關人多，排著長龍，突然一位邊防軍戰士走到我面前，叫我把證件給他看，我馬上照辦，他看了後問我帶港幣沒有，我說出差當然帶有，他就叫我跟他走。我因出差次數還不多，也不知我犯了甚麼錯，就跟著他走，他也不退還我的證件。走到佇列的最前面他叫我過去，他給海關官員用廣東話不知說了幾句什麼，把我的證件交給那官員讓他在我的證件上蓋了章，就叫我入關了。那年輕的軍人仍捏著我的證件，我只好跟著他走，到了一個人較少的地方。他態度很好的對我說，先生，請你給我換五百港幣，我會給你人民幣，這時我才放下心，原來是想要港幣。我又怕他把港幣拿走人跑了，只好說我帶的港幣不多，只能給他三百港幣，他叫我再找找還有沒有多的，我隨便翻了一下錢包，說沒了。其實我的大部分錢放在邦瓊替我縫在內衣上的口袋裡。他把港幣拿到後，叫我在一家冷飲店等他，這時他把證件退還我。本來天氣就很熱，我就一邊喝冷飲一邊等，我心想如他不來，我也不會一直等，失財免災。冷飲快

喝完時，這位老兄來了，他見我杯裡已快空了，馬上去給我再買一杯，他自己也買了一杯，和我對坐在桌子那邊的椅子上。這時他把人民幣給我並說，不好意思，我人民幣不夠，這次你就吃點虧。他說他因農村的弟弟要結婚，要港幣才能買到進口電器，我問他，你不怕你們領導知道處罰你，他說如領導發現，批評一下就算了。他說很多人都這樣做。他還告訴我以後如要帶東西進來不方便可找他，我叫他快走。到這時我才感到中國危險了，海關是一個國家的門戶，在海關工作的小兵都敢肆無忌憚的公開勒索，這還不可怕，關鍵是他後來所說的那句話，這就給走私犯敞開了大門。小兵都這麼倡狂，上面就更不用說，難怪後來在中國大陸各部門揭發出那麼多駭人聽聞的貪污受賄走私案。

人走「茶未涼」

一九八八年二月香港家裡，全家設靈堂悼念
父親及爺爺。

　　一九八八年二月二十三日下午二時卅分，我們親愛的達達在
臺北寓所不幸病逝。這突如其來的噩耗，使我們悲痛萬分，遷入
新居的喜悅消失了。頭一天晚上，我還在電話裡和達達說話，我
們知道達達身體不適，但不知道有這樣嚴重，我感到達達的聲音
很微弱，說話也不清楚，我要達達好好保重，他說：「好，好，
不要緊」，就再也沒說話。第二天當我們接到繼母的電話，聽見
她泣不成聲的說達達走了，我們只能安慰她。我父親的鄉侄，郫
縣同鄉江思培大哥給我打電話來，告訴我們治喪委員會的組成情
況。我立即給治喪委員會主任委員倪先生去電話，提出我希望能
到臺北奔喪，參加父親的追悼會。倪先生說，他非常同情我的處
境，他說按情理來說我是我父親的唯一兒子，完全應該守在父親
靈前，但「國安法」有規定，要在港住滿五年才能到臺灣。他非

常抱歉，望我能諒解，並問我還有甚麼其它要求，他一定盡力辦到。我雖然悲痛萬分，但國法只要對人人都平等，我也無話可說，我只提出，希望能給我錄一盒我父親追悼會全部過程的錄影帶給我寄到香港家裡。他滿口答應。現在我還珍藏著這已轉成DVD的碟。我父親的追悼會非常隆重，他得到黨旗、國旗覆棺的榮譽。送花圈、花籃的不計其數，參加追悼會的來賓也非常多。

一九九〇年攝於臺北內湖父親家裡，我在父親的骨灰旁站立。

　　我還保留著參加追悼會來賓的簽到本。看完錄影帶，我心裡在想，達達和媽媽相比，在他兩老走完人生最後一程時，還是媽媽更幸福。她雖然沒有隆重的追悼會，甚至只有一個花圈，但她有自己最親愛的兒女拉著她的手給她送終。而達達明明知道，自己最親愛的兒子在離他僅一小時航程的地方，卻不能來抬著他的頭，給他送終，不知達達心裡有多難過。我們只能在香港家裡設立靈堂遙祭。這一切都是罪惡的政治，人為所造成的。一九八六

臺北內湖父親家裡，父親的遺像放在他平時最喜歡坐的椅子上。

我在清理父親的遺物

年在我到港定居後，達將他寫好的遺囑用掛號信寄給我，要我妥為保存。遺囑上有兩位達達最信賴的老朋友，李天民、蕭先蔭兩位伯父作見證人，他們都在遺囑上簽名蓋章。一九九〇年，我收到李天民伯伯從臺北寫給我的信，他說他受我父親之委託，希望我儘快能去臺北商量怎麼執行我父親的遺囑，他說他和蕭伯伯年紀也大了，都希望早日完成我父親的遺願。這時臺灣的政策又有鬆動，只要在港住滿三年即可申請赴臺。

　　我向公司請了一個禮拜假。當飛機降落在臺北中正國際機場時，我真是百般滋味在心頭。我的繼母在機場等待我，她先把我帶到她的娘家去，在那兒吃了飯才回到我父親在內湖的家。一進到廳裡，我就見到一張很大的父親遺像，放在達達平時常坐的椅子上，在廳的一端，一張桌子上，達達的骨灰盒和遺像，靜靜地供放在那兒。我眼裡充滿了淚水，給達達磕了三個頭，然後去抱著達達的骨灰盒說：「安兒不孝，現在才來看您，我一定要把您接回家去和媽媽團聚」。四十年前我的父親懷著歉疚的心，拋下了自己的愛妻和親愛的子女，孤身來到這島嶼上，對前途一片茫然。經歷了幾十年的日夜思念，好不容易爭取到三代人第一次有一個短暫的歡聚，竟也成了最後一次歡聚。達達在

我和父親遺囑的見證人，李天民伯伯（右）、蕭先蔭伯伯（左）合影。

和江大哥大嫂合影。

和白大哥、金表姐合影。

我抱著父親的骨灰離開臺北內湖。

世時，他是多麼希望有一天自己能有機會回去看看他朝思暮想的故鄉，或希望他的親人能來臺北看他。但這些願望都未能實現。今天我雖然來了，但達達已經遠走，這是我終生的遺憾。繼母讓我住在我父親的臥室，達達的臥室裡有一臺家裡唯一的空調機，我睡在達達睡了幾十年直到離開人世的床上。達達的臥室裡有一張書桌，書桌上放有幾本達達喜歡讀的書：《四書》讀本、《曾文正公家書》、《無政府主義》、《互助論》、《三民主義》、《白香詞譜》、《金剛經》、《荒漠甘泉》、《外國史大綱》、英文詩歌（The Golden Treasury），有一本媽媽一九三一年在北平買的《Model English--Chinese Dictionary》（現代中英字典），上有媽媽親筆寫的字。還有一本新約聖經，桌前放有一把轉椅，床邊有一搖椅。達達的衣櫃裡還掛著一件絲棉長袍，我繼母說，是達達離家前，媽媽在成都給達達買的，讓達達穿在身上避寒，達達到臺灣後冬天天冷時一直穿著它，我繼母不知給他補過多少次，他一直捨不得丟，就一直掛在衣櫃裡。我的繼母告訴我，我

父親在他病重以前還要到「立法院」開會，但他的心情非常不好，受到一些人的辱罵。在我父親一九八七年十一月給我的最後一封信裡面寫到此地少數份子鬧所謂「臺灣結」、「中國結」，又說他可能要退休，父親最後還說，有你這樣一個「堂堂正正的中國人」，達達完全安心、放心了。當時我也不理解父親的意思，後來我才知道他在為他的祖國——中國的統一而憂慮。我看見一張別人送我父親的聖誕卡，我父親在上面批了：「不回！臺獨？」。

　　到臺北第二天，李伯伯就約我去「明星」咖啡廳，一家他以前每個星期五都要和我父親在那見面並研讀英文的咖啡廳去。李伯伯和我商量了執行我父親遺囑的相關事情。因這次我在臺北時間很短，只能下次再來處理。同年八月我再次來到臺北開始清理

我把父親骨灰帶回家，和母親骨灰存放在一起，邦瓊和兒子做了九菜一湯，並買了鮮花、水果迎接。

蔣經國先生給我父親的回覆

我父親的遺物，達達的書籍非常豐富從古到今都有，遺憾的是我的學識太淺，很多書我都看不懂。後來請我繼母把一些書捐獻給圖書館，我也選了部份帶回香港。在清理父親的遺物過程裡，我對父親有了更多的瞭解，他是一位堅定的愛國者，他堅決反對把他的祖國——中國，分裂的臺獨主張。

得到李伯伯、蕭伯伯、江大哥和我姑媽的女婿白大哥的幫助，我和我繼母協商，圓滿執行了我父親的遺囑。我真沒有想到我父親去世已兩年多，還有這麼多長輩、大哥、為了我父親和我，冒著攝氏三十八、九度的酷暑陪著我，在對我說來是個人地生疏的地方，去辦各種手續。他們都已不年輕，李伯伯已是八十高齡，使我很過意不去。在一切事情辦妥後，我為了表達對長輩們的感激，代表我父親在天之靈，請了李天民、蕭先蔭伯伯、白祖前大哥和金表姐、江思培大哥和江大嫂大家一起吃飯聚會。在聚會時我首先致辭感謝長輩們和老大哥、老大姐對我的關懷和幫助，並祝各位長輩健康長壽。長輩們還誇獎我，說我識大體，將我父親的遺囑圓滿執行，並說我的父親在天之靈一定會感到欣慰。現在看著這十六年前聚會的珍貴相片，大部分人已走了，使我感慨萬千，老一輩的情意使我深深感受到，人走「茶未涼」。

我把達達的骨灰和達達珍貴的書籍、遺物、相片及達達視為寶貝的近八年來我們全家給他寫的所有信件都帶回香港。回家那天，邦瓊和兩個孩子，準備了九菜一湯，鮮花、鮮果迎接達達，爺爺回家，來和他分別了近四十年的愛妻，我們親愛的媽媽，孩子們的奶奶團聚，我們將達達和媽媽的骨灰盒放在一起，從今以後他們再也不會分離。

記得在香港和我父親的談話中，我知道父親對蔣經國先生非

常尊敬，蔣經國先生對我的父親也非常尊重。在清理父親的遺物時，我才知道每次父親到香港和親人團聚後，總要寫信給蔣經國先生，談一些他的感受，經國先生在百忙中也有回音。一九八七年十月十四日蔣經國先生領導的中國國民黨中常會通過決議，開放三親等民眾赴大陸探親。這是一個非常得民心的決定，是隨中國國民黨一九四九年到臺灣的所有人的共同心願，也是在中國大陸有親友在臺灣的民眾的最大心願，親人可以團聚，長期日夜思念的痛苦終於得已解脫。一九八八年一月十三日蔣經國先生病逝，我的父親非常難過，當時他也病得很重。一邊清理父親的遺物我一邊在想，在臺灣有蔣經國先生，在他病重期間仍能考慮到人民的心願，做了他的前任不敢做的決定，在大陸有鄧小平先生，在他晚年做出他的前任不敢做的得到民心的決定，如果中華民族有多一些這樣的領導，就不愁中國沒有統一的一天。

我父親和蔣經國先生握手

　　在臺灣的這段時間，我父親的「鄉侄」江大哥，給了我很大幫助，他要年輕一些，比我大十歲，他自己有一輛汽車，帶著我去辦理很多事情，給了我很多方便。我父親在世時，他也常去幫助我父親，在我父親和繼母到香港來看我們時，他就負責接送

他們到機場的事，我父親生病時，他就會開車送我父親去醫院看病。江大哥還給我講起他在臺灣是怎麼認識我父親的一段故事，他是一九四九年從在四川省灌縣的空軍幼年學校到臺灣的。一次我父親去到他所在部隊視察工作，並講了話。江大哥一聽這說話口音這麼親切，講話結束後，他就去問我父親是哪的人，一聽說是四川郫縣人就好高興，原來是老鄉，我父親和他的老家都在郫縣朱家巷，在遠離家鄉的地方突然遇見老鄉那該多高興。以後江大哥一有幾會，到臺北就會去看我父親。江大哥還告訴我說，如果不是我父親幫忙，他和大嫂的婚姻就有麻煩了，原來大嫂比江大哥小好多歲，人又漂亮，父親還是一位將軍。而江大哥是一位普通軍人，他倆又真心相愛，江大哥知道要得到大嫂父親的認同會較困難，這時聰明的大嫂想到了辦法，她對江大哥說：「你不是有位鄉伯父嗎？他是有名望的人，你去請他幫你向我父親提親，可能會成功。」後來我父親就約大嫂的父親一起去喝咖啡，並提了這門親事，就這樣聰明的大嫂和江大哥就結成這美好的良緣。在臺灣開放，臺灣老兵回大陸探親後，江大哥回郫縣探親，路過香港都會到我們家來玩，我們去臺灣就住在江大哥家。

遊子之心

一九九八年攝於郫縣望從祠，替父親回故鄉
看望。

在清理我父親遺物時，我看到很多我父親的寫作中流露出對
故鄉深深的思念。

中國十大都市

此冊所描述之十大名都除洛陽，蘭州外余皆曾旅寓，北平
成都為余故鄉求學之處，南京上海亦為余苦悶婚居之地，
翻閱各圖不勝懷念感概！明九十矣，故鄉萬里，願天佑遊
子，得飛返鵑城一飲郫水也。

登懇丁觀海樓

飛電升樓翩若仙，憑欄觀海七重天。
臺澎巴士雙峽險，浩瀚太平滙百川，
鄉關故里更何年。

海外鄉思

萬里夢魂飛錦水，鵑城故壘子雲亭，

瀹花釀得郫筒酒，風雨蕭蕭祭二陵[1]。

還鄉

悠然獨坐曝冬陽，錦繡河山日暮長，

碧水灘頭傳耳語，青山作伴好還鄉。

日暮

白雲深處故園情，歸燕啾啾遊子心，

日暮鄉關何處是，一星燈火出疏林。

鄉思

臙脂窗外醉芙蓉，綠葉婆娑舞碧空，

萬樹千株堤上放，風光故里問來鴻。

無題

牆外青山山外天，青梛翠松繞低垣，

家情鄉思馳萬里，臺港鵑蓉幾重圓。

---

[1] 錦水經郫邑故里入蓉，秦時望帝從帝相繼在郫立國，以其為平疇沃壤宜植稻也。望帝死後化為鵑鳥，春時長啼，催民早耕故郫邑又名鵑城，城北猶有舊址。西蜀子雲亭在城西，城南瀹花溪為余祖居。邑產巨竹截筒釀酒極清冽，望從二帝各有長陵在城南，為邑人端午節登高處，望從祠祀二帝，為余就蔡采軒師讀書處。

這裡有一段五十一年（一九六二年）九月十四登在民族晚報上的短文。

趙惠謨踏月獨行

昨宵中秋佳節，立院外交委員趙惠謨，一個人沿著碧潭堤邊，踽踽而行，「行單影隻」，皓月當空，面對多少成雙成對的情侶，神情頗為黯然，原來趙委員在臺灣還是孤家寡人一個，無怪乎每逢佳節倍「傷感」了。

中秋懷鄉（大湖夜景）

山如墨，萬燈紅。車如流水，馬如龍，十里人潮湧。
碧雲天，疏星零。思悠悠，月明萬里正中秋。

我的繼母

我的繼母。

　　我的父親由於戰亂，隻身來到臺灣時，他的心情是十分凄涼的。我的繼母是一位心地善良的農村婦女，在我父親到臺北後不久就去幫助我父親料裡家務。後來又回到農村去，直到一九七一年，我父親又託人去請我繼母回來。其實通過多年的相處，他們已經有較深的感情，雖然我繼母識字不多，但她照顧我父親卻是全心全意的。在得知我媽媽去世的消息後，我父親和我繼母於一九七一年農曆十月初十在臺北正式結婚。我父親選這個日子和我繼母結婚，是為了不忘記我們的媽媽，達達和媽媽是在四十二年前的這一天結婚的。婚後我的繼母承擔起所有的家務，並照顧我父親的衣食起居。我們在香港和她的三次見面，都給我們留下了很好的印象。我到臺北去執行父親的遺囑時，對她有了更深的瞭解。我父親在世時，我的繼母常說，她是在「亞雄」媽媽走

了以後，由天老爺派到我們趙家來的。在這個家裡她擔任了很多角色。在我們和達達聯繫上後，她成了我們的總代表。我的繼母作為我父親的妻子去愛他；作為母親，她對我父親無微不至的照顧；作為子女，她替我們盡了孝敬達達的義務。我們永遠都感謝我們的總代表，我對我的繼母說：「您和亞雄媽媽在我們的心目中佔有同等的地位，因為有了您，達達才有了一個幸福的後半生，才能夠健康長壽，能夠實現和他日夜思念的兒女及孫輩團聚的願望。」我說：「您完全對得起趙家，您現在已是兒孫滿堂，在臺灣有您的家，在香港也有您的家，今後無論我們到哪裡，我們的家也是您的家。我們將非常高興陪媽媽去大陸看看，陪媽媽去世界各地旅遊。和她商量後，她同意我把達達的骨灰帶回家去，和亞雄媽媽的骨灰放在一起。我要她放心，告訴她我們每年都會拜祭達達和亞雄媽媽。我看得出她心裡非常難過，但她是一位通情達理的人，她告訴我她以後一定會來看我們的。

難兄難弟

一九九一年良能家裏，我和好友良能最後
一次合影。

　　一九九一年，我回成都老家去看住在川棉廠宿舍的老友良
能。他患直腸癌已進入晚期，他躺在床上，見我去了非常高興，
馬上坐起來。他已比前幾年我回去看他時消瘦多了，老朋友相聚
又談起許多往事。在「四人幫」被粉碎後，我們才知道有「四人
幫」的存在，很多人把這叫做第二次解放，使我們百思不得其
解。我們從一九四九年中華人民共和國成立，說得更確切是成都
解放，就只知道有一位偉大領袖，可以也必須呼他萬歲。他永遠
是偉大而正確的，他高瞻遠矚，領導著這個年輕的共和國。我們
遺民的悲慘遭遇，他不會不知道。一九五七年的「反右」鬥爭，
那麼多的冤魂，他不會不知道。六〇年代的「困難時期」，餓死
那麼多人，他不會不知道。他的周圍不乏有識之士，但誰敢提出
不同意見就絕沒有好下場。「四人幫」的倒行逆施，他更不可能

不知道，因「四人幫」的幫主是他的夫人，近在眼皮下，都看不見，還能說是高瞻遠矚、洞察一切嗎？如果他發現了「四人幫」的嚴重罪行，為什麼不在他有生之年就將「四人幫」除掉？我們的這些疑問不知要什麼時候才有答案。我們兩朋友，本來是想遠離政治，但政治這東西，在我們這一生裡，是你不找它，它可要找你。你無論怎麼也把它甩不掉。良能說我的運氣太好了，我們又討論起什麼是好運氣，我說好運氣是天意和自身的努力，兩者缺一不可。而天意是指不可能通過自己的努力去實現或阻止的。我們又談到鄧小平先生，我說我非常感謝他，感謝他的長壽。如果他在毛先生去世後不敢去冒殺頭的風險，首先推動思想路線的撥亂反正，反對「兩個凡是」的錯誤方針，領導和支援開展真理標準問題的討論，並提出要儘快把全黨工作重點轉移到經濟建設上來，那中國就不會是現在的中國，我家庭的重聚也不可能實現。一九六二年良能到川棉廠工作，直到病退。他在川棉廠當空調工，認識了一位同廠從成都紡校畢業的年輕貌美、善解人意的姑娘忠芳，他倆的戀愛受到很大的政治壓力。這說來很可笑，他們倆並非什麼政治人物，只因良能家庭出身不好，而忠芳是一位先進工作者。在那荒謬的意識形態下，成了水火不相容。但他倆不顧各方的壓力，還是走到一起了。在他們舉行婚禮那天，忠芳被組織領導叫去進行階級教育，不准她去出席婚禮。新郎、廠裡同事、親朋好友都在新房等著，幸好法律沒有明文規定，終於，忠芳還是來到新房和良能成親。良能對我說：「你現在苦盡甘

1　即指「凡是毛主席作出的決策，我們都堅決維護；凡是毛主席的指示，我們都始終不渝地遵循」。這是粉碎「四人幫」後，華國鋒提出和推行的錯誤方針。

我的兒子天新和良能的兩個女兒去送良能最後一程。

來，還是不忘記我們難兄難弟的友誼。今後如果我不在了，而忠芳沒有再婚，就要請你多關心忠芳」。我盡力安慰他，鼓勵他一定要戰勝病魔。我們又談起修路時的情景，我那時給良能說過，我想以後寫一點東西，講講我們的故事，他說故事的名字就取「遺民」吧。良能叫他的女兒把他扶下床，他坐在椅子上，拿起他的吉它，邊彈邊唱。

我們在荒山野嶺裡唱的〈到處流浪〉，聽著良能那低沉的歌聲，我這一生還會流浪到何方，我自己也不知道。一九九二年九月我的兒子天新，回成都有事。一天他到川棉廠醫院去看羅叔叔，這好像是上天安排的一樣，我的兒子天新走進病房時，良能已經不行了，他看到我的兒子去，就點點頭，我兒子走過去緊緊地握住良能的手，叫羅叔叔，這時病房裡只有忠芳，天新守在良能身旁。不一會良能就離開了他歷經無數苦難的世界，幾天後我的兒子陪著良能的家人，按照良能的遺願去將良能的骨灰撒到江河裡。

我的乾姐姐

二〇〇七年，我、邦瓊和乾姐姐鳴鏘
攝於鳴鏘姐重慶家裡。

　　我的乾爹蕭華清有一個女兒——蕭鳴鏘，她也是我父母的乾
女兒。我稱她為鳴鏘姐。一九三〇年她在上海出生，當時我的父
母也常在上海和她父母在一起。一九四六年我們從英國回成都
後，她常來我們家玩。記得有一次聽見我的父親對她說：「你
一隻腳已踏入棺材非常危險。」我也不懂他們在說什麼，後來我
才知道她也是地下共產黨員。一九五三年夏的一天，鳴鏘姐來到
我們住在華西後壩中學路的家裡來看我母親，當時我正在成都石
室中學讀初二，記得我們還和鳴鏘姐一起照了一張相，這也是她
和我母親——她的乾媽的最後一張合影，以後幾十年我們再未見
過面。直到八〇年代我到CMEC四川分公司工作時出差到重慶才
又見到她。以後我只要到重慶就會去看這位老大姐，她到成都也
會約我見面，大家都抱有懷舊之情。我聽她說了她的一些經歷，
一九五五年她被派到涼山彝族地區搞民主改革，直到一九七四年
才調回重慶。一九九九年我收到鳴鏘姐給我寄來的一份出版在

《紅岩春秋》[1]上，我的乾爹蕭華清以前寫的文章，題為「走向光明」的回憶。在回憶裡乾爹寫了他從重慶到南京、上海、香港，再到「解放區」，在回憶裡他未提他在南京和我們家庭的事。我讀後深有感觸，就提筆給鳴鏘姐寫了一封「未寄出的信」信裡談到我的感想，但基於我對鳴鏘姐的瞭解，我把信寫了一半就停筆了，決定不寄信了。這封未寄出的信，不知怎麼還未扔掉，最近又無意中把它翻出來了，我願把它摘錄下來。

　　　　鳴鏘姐：你好！謝謝你給我寄來的《紅岩春秋》，我一收到這雜誌就馬上讀了乾爹寫的〈走向光明〉一文，讀後深有感觸。乾爹是一位使人尊敬的老人，他把他的一生奉獻給他所信仰的事業，然而，他竟含冤離開了這個他為之奮鬥終生的人民共和國。乾爹和我的達達從青年時期就是最好的朋友，也是最相互瞭解的，正由於這樣，我才有了這位乾爹。我認為這兩位老人都是我們學習的榜樣，因為他們都堅持自己的信仰，直至他們生命的最後一刻。我不願意評論，也沒有資格評論這兩位老人的信仰誰對誰錯，只想說一下，讀了乾爹的文章後的一些感受。香港是我們國家的一顆明珠，但在乾爹去香港時，正如乾爹所說香港居民佔百分之九十以上是華人，香港長期受英國人統治，是帶有較濃厚的「殖民地」色彩。如乾爹說一個郵筒邊貼著「司丹長便[2]」和「士多[3]」、

---

[1]　中共重慶市委黨史研究室主辦之刊物。

[2]　英文stamp的譯音。

[3]　英文store的譯音。

「到士苦去打波！」[4]、「鼓的[5]」、「巴士[6]」。在共產黨「解放」中國五十多年後的今天，我們的國家有很多與乾爹描繪的香港有相似之處，現在街上的商品廣告用英語和說英語的人實在太多，「再見」常用「拜拜[7]」替代，「OK」也常掛在嘴邊，「的士」、「巴士」已是很流行，報上廣告「Head[8]」頂上美容、美髮等等，也有乾爹說的「跑鬼」，農民進城賣菜和無證小販一看見員警或執法人員就逃跑，要是被抓住就被重罰或沒收，這和英國統治下的香港何其相似。我常在想如果中國早走資本主義的道路，現在不會比香港、臺灣、新加坡落後。然而現在的中國領導層仍堅持走社會主義的道路，並肯定的說是「社會主義初級階段」，真是過了五十年又回到初級階段，實在另人難以理解。嗚鏘姐，我認為現在中國社會上出現這些「怪」現象是一種社會進步的表現，在中國真正做到法治而不是人治時，國家就會走上正軌，那時不是美國怕中國人去偷渡，而是中國怕外國人偷渡到中國，到時誰還去管是共產主義正確，還是資本主義正確。

我本來還有很多話想要說，但我終於停筆了，並決定不寄這封信給嗚鏘姐。最近我和邦瓊又去了重慶，並請嗚鏘姐出來聚會，嗚鏘姐已是七十七歲的老人，除了眼睛不太好外，在談話時

---

[4] 英文school和ball的譯音。

[5] 英文good的譯音。

[6] 英文bus的譯音。

[7] 英文bye bye的譯音。

[8] 英文頭的意思。

神采奕奕的樣子還真像個年輕人。她送我們兩本書，一本是她自費編輯的個人畫冊《鴻影七十春》，裡面收有她家的一些歷史照片和她的個人照片，大概「文革」中未被抄家因而還保留了一些珍貴的照片；還有一本名為《重慶新聞興掌故》，是她過去幾十年寫的新聞作品。我非常高興地拜讀了她的兩本作品。我也送了鳴鏘姐我寫的回憶《遺民》初稿，請她提意見。隔了一天，鳴鏘姐就打電話約我和邦瓊去她家。到她家後，她拉著我的手坐到沙發上，說已看完我寫的回憶，她說：「你寫得真實感人，我都流淚了。」我告訴她，我也讀了她的作品，我說：「你確實是一個忠實的共產黨員，你的作品都是寫的正面的東西，你那幾十年也活得很苦，寫新聞報導不能犯錯」。她說那時寫東西很辛苦，首先要瞭解領導的想法，他們要想你寫什麼，這樣寫出來才不會犯錯。她又說領導不會直接告訴你，他想你怎麼寫，全靠自己去揣摩領導的意願。她還說，有些問題嚴重又不能公諸於報端的事就寫成內參。這次和鳴鏘姐的交談可說是無所不談。鳴鏘姐還說她一九五五年被派到涼山去時，正是國內狠批「胡風反革命集團[9]」的時期，她以前在學校讀書時曾讀過胡風寫的進步文章，這時也受到批判。有朋友說她是被「充軍」到涼山，但她並不這麼看。通過這次姐弟之間的坦誠交談，我感到我們有了一些共同語言，我也瞭解了為什麼在那過去的幾十年無論乾爹或她都不願也不敢提到我們兩家的親密關係。我告訴鳴鏘姐，我會把這「未寄出的信」給她看，並把它寫在我的回憶裡。鳴鏘姐是一位熱愛自己事業、有人情味、善良和有正義感的人。

---

[9]　胡風反革命集團冤案，一九五五年開始，一九八〇年平反。

移民到美國

　　一九四六年我經過美國回自己的祖國時，沒有想到經歷了風風雨雨的五十多年後，為了和兒女及孫輩團聚生活在一起，我和邦瓊會移民到美國來。在辦理移民手續時，遇到一個問題，要我的出生證明。這可要追溯到一九三八年，我在倫敦英王喬治皇家醫院出生時，我父親是外交官，他有權可以不登記他孩子的出生，因而我成了一個無出生證明的人。沒想到只有在中國不是問題。我在大陸的戶口本上的出生地一直填著英國倫敦，當然這在我遺民生涯裡給了我一些麻煩，但從未有人要看出生證。我移居

我和邦瓊在美國家的花園裡。

我和邦瓊和兒女攝於美國家裡。

到香港也沒人要出生證，根據我大陸的證件，在港發的證件出生地都寫著英國倫敦。現在突然要這證明就不好辦，如果能有人證明也可以，這時我想到京祖大姐，她是我們住在英國時，現在唯一還在世的朋友。她一直生活在英國，我和她幾十年無聯繫。我在她的弟弟湘祖那要了大姐的地址，給她寫了一封信請求幫助。不久我收到大姐寄來的證明，才知道她正在病中進行化療。她在信裡說，你和我們是很好的朋友，為你幫忙是應該的。現在我的身體狀況很不好……。看到這我心裡很難受，我想起八一年，行可伯伯一家在我們「華西壩」家裡歡聚時，陳伯伯寫到：「趙錢與馮陳本是一家人」。

二〇〇一年我們到美國定居了。我們住家的院子裡八家人，有從越南、非州來的移民，還有猶太人，以前還有埃及和寮國來的，當然白人居多，但大家相處都十分友好。我和邦瓊在鄰里是年齡最大的，我們院裡有很大兩塊公用地，每家輪流去除草，大家都說我們年齡大，不要我們去做。中美兩國人民有著傳統的友誼，在第二次世界大戰時，中國正在進行艱苦的抗日戰爭，美國派出了以陳納德將軍率領的美國十四航空隊（飛虎隊）來中國，幫助中國人民反擊侵略者。很多美國飛行員獻出了自己寶貴的生命。

美國是一個多元化的移民國家，我發現美國人民都非常熱愛自己的祖國，他們對政府的一些政策可以公開表達不滿意，甚至反對，這是民主制度下的言論自由。他們可以反對一些戰爭，但他們始終熱愛自己的戰士。他們對自己被敵人俘去的戰士，獲救回來後不僅不會歧視，還當做英雄來歡迎。這和我們在大陸所受教育完全不一樣。這是不是對人權的不同理解。到了美國才知道什麼是民主和言論自由，想到在中國大陸那幾十年的經歷，我發

現共產黨統治人民的一大特點是共產黨說好你就說好，共產黨說壞你就說壞，這樣就比較安全。記得五〇年代初期，中蘇友好時期，我們學生都被要求參加中蘇友好協會，入會後就會發一個小徽章帶在胸前，我們都要唱中蘇友好的歌曲，如「莫斯科——北京」，歌詞裡有一些我還記得，「中蘇人民是永久弟兄，史達林和毛澤東在聽我們，在伏爾加河聽到長江流水聲，中國人民仰望克里姆林宮紅星，莫斯科北京，莫斯科北京。」當時你如說一句批評蘇聯的話，其結果就會是我的偉表哥和楊三哥的遭遇。不幾年中國共產黨與蘇聯反目，這時你如說蘇聯的好，就會遇到黃大哥在獄中寫交代材料時被說成是「胡說八道」，甚至於遭到更大災難。我生活在美國，現在美國在伊拉克的忠實盟友是英國，我從未聽見我的孫子唱過美英友好的歌「華盛頓——倫敦」，也沒聽到「美國人民仰望白金漢宮，或英國人民仰望美國白宮」，更沒聽見唱「布希和布萊爾在聽我們，倫敦，華盛頓」。如果真有這樣的歌在這裡出現，會被認為是發瘋。我一直在想。難道美國人比中國人更聰明嗎？美國的共和黨和民主黨不需要告訴美國人民什麼是好什麼是壞嗎？他們為什麼不怕人民自由發表自己的意見？

我們有一位美國朋友，也是我們的鄰居，他受過高等教育，屬於中產階級。而在七、八年前對中國知道很少，當他聽說我要回中國去探親訪友時就問我，你們那個村有多少人。當我告訴他，我們成都市有幾百萬人，他感到非常詫異，很多美國人只知道北京、上海、香港一些中國的大都市，以為其它地方都是較落後的農村。我以後每次回中國都要買些禮品送給他，並放影片，和給他們看照片，使他們對中國有更多瞭解。近幾年來中美兩國政府間有更多互動，在美國連中學也可選修中文，但美國人還是

認為中國是一個專制的國家，我也不知該怎麼給他們解釋。在我們家裡，兩孫都會說中文，大孫子還會讀和寫中文。中美兩國人民只能通過更多交流，才會增進友誼和瞭解。我告訴我的孫子，要想中美兩國人民永遠友好，得靠你們。也許我應該補充一句，得靠中國大陸的改革。

故地重遊

Loreto College校園裡。

　　二〇〇五年四月八日，我重遊英國的夢想終於實現了。因為安排停留時間很短，還在美國家裡就開始做旅遊的準備工作。我首先確定想去的地方，我出生的醫院、我在St. Albans住過的故居和我讀過書的學校。時隔六十年，我應該從何查起呢？感謝現代科技的發展，我決定通過網路來尋找。因為記得這所天主教學校的名字和所在城市的名字，就從網上查找這所學校。學校查到了，但卻是一所高級女子中學，這可使我為難了。我查到這學校的E-mail地址，就給學校行政部門發了一封短信，內容如下：

　　　　親愛的先生／女士，我的名字是George Chao，我現居住
　　　　在美國的華盛頓州，我的姐姐Mary Chao和我都是貴校

一九四四年至一九四六年的校友。那時我的父親在中華民國駐英國大使館工作。一九四六年，我八歲時就離開英國至今未再來過。我還記得一些老師和同學的名字Mother Ancila、Sister Mary、John Smith、Richard Rollison、Margareta我忘了她的姓。我很希望再來學校看看，但從網上查到貴校是一所高級女子中學。我很想知道在二戰期間貴校是否收過男生，以便確認這是我要找的學校。非常感謝您的幫助。

我的E-mail是二〇〇五年一月卅一日發出，我心裡還在想，能不能有回音還要打個問號。二月九日回音來了。E-mail裡寫道：

有關你在一九四〇年代在英國St. Albans的事情，最終落在我手中來幫助解決。我是在離St. Albans北面一百八十英里的Manchester的一所Loreto College工作，這所教會學校的修女有一個檔案館設在北威爾士的女修道會所，我已將你的資訊傳真給她們，以便她們有消息可告知你。不過她們能否有當時學生的資料，還是個問題。我同時將你的資訊送到修道院地方辦公室。她們可能有當時在學校工作的修女名字，和她們現在在哪兒的資料。同樣因年代久遠也不一定會知道。我建議你可去一個英國的網址叫朋友重聚，花很少錢可幫你找老朋友，再則可以在當地報上有一專門尋找老同學、老同事的專欄，希望這對你有幫助，祝好運。

到二月二十七日我收到由修道院地方「檔案館」發來的E-mail，使我感到意外驚喜的是她們找到我父親的名字，和我們

當時的家庭住址，這住址和我記憶中的完全一樣。她說我提到的兩位修女老師，那時的確在那學校工作，但現都已去世了。是啊，她們當年已是三四十歲的人，她還說我提到的同學，當時確有三位姓Rollason和好多姓Smith的人和我們住在同一條街，遺憾的是他們已沒有當年學生的名冊。她說她們還保存有我在那兒讀書時的一些學生在校園裡玩耍的照片，裡面有男有女，這就更證明我找到了我讀過書的學校。她還說現在學校裡已無修女工作，但學校仍由修道院託管。她又給我介紹了現任的校長Ms. Lynch，並說她一定會歡迎我去參觀學校。最後她說，若我還有需要她說明的事，一定讓她知道，落款（Sister）Pat Mulryan。後來我請她給我寄來她提到的照片，她給了我。

從我尋找學校這件事，有這麼些陌生人，這樣熱心負責，幫助我一個普通百姓，去實現自己的願望。想起邦瓊和兩個孩子八七年為了實現三代人的團聚所經歷的一些事。他們去成都市統戰部找到負責幹部，提出到香港實現三代人團聚的要求，這時那幹部就臉色不好，說趙久安一到香港就不和我們聯繫，我們不知道他的情況，他在什麼地方工作，同什麼人有來往。現在你們有事就來找我們，你們一家也太特殊，每年都要去香港，你們知不知道，成都的立法委員、國大代表親屬也有上百人，只有你們要團聚，又說你們父親也不過八十八歲，臺灣的高官吃得好，未受過政治運動的衝擊，命都長，八九十歲的人多得很，急什麼。又對兩個孩子說，要不是你們爺爺地位高，你們要想出去探望你們的父親（指我）根本不行，我們對你們一家已夠好了，你們爺爺也該知足了。為了實現三代人的大團聚，邦瓊和孩子們只能說謝謝你們的關心。這時那位幹部又把邦瓊和孩子們訓了一頓，他說，你們找什麼人都沒用，這是我

在管的事，你再找也沒用，你們的行動我清楚得很，明說，你們的每封信都是檢查了的，寫的什麼我都知道，你們一家人，今天這個去，明天那個去，政策不允許你們一家人「吃轉轉會」。為了實現三代人的大團聚，邦瓊和兩個孩子只好忍氣吞聲，陪著笑臉，邦瓊又去找其它關係，花錢送禮，這樣才批了兩個人，最後終於去統戰部填表。後來女兒通過其它關係跟旅行社到香港。這與我們在大陸要求人，還要受到冷眼，有多麼大的區別啊，都是一樣的人，生活在不同社會制度，就差這麼遠，真是值得深思。

我把日程定下來，四月八日至十二日在英國。四月二日，我給學校的校長發了E-mail介紹我的情況，並說希望在四月十二日上午回學校看看，問她是否方便。四月五日我收到校長秘書的E-mail說：「校長要我發E-mail給你，說十二日來學校參觀非常好，但能否安排在上午十點以後。」我回了E-mail表示感謝，一切就這樣定下來。這裡是一些我重遊英國時寫的日記。

二○○五年四月八日（星期五）晴

今天早晨三點過就醒了，也許太興奮，要去重遊我離別了近六十年的出生地——英國倫敦，這個陌生而卻對我這一生有著巨大影響的城市，這塊土地上留有達達、媽媽和英、安、倫的腳印。自從一九四六年我們離開後，再也沒有踏上過這片土地。達達媽媽早已作古，阿姐和倫也很難再有機會到這裡來，這次我們的兩個兒女為了讓我多年的願望得以實現，商量由女兒帶著兩孫，陪同我和邦瓊故地重遊。早晨，我們六點半從家出發，女兒開車，天氣出奇的好，昨天還是陰天大雨，今晨晴空萬里，好像達媽在天之靈也高興我們能有此行。在機場把車停好，我們九點

卅分乘一架「雙螺旋槳」的「加航」小飛機從西雅圖起飛四十分鐘就到溫哥華機場再轉乘波音767-300飛機去倫敦。倫敦位於英國的東南部，座落在有名的泰晤士河兩岸。泰晤士河貫穿倫敦向東流入北海。經過八個多小時的飛行，到達倫敦上空時是當地時間四月九日早晨六點過。天氣預報這幾天倫敦都會有雨，但到了倫敦上空，除了幾朵白雲，還是很晴朗，泰晤士河兩岸的建築盡收眼底。六十年了，你這英國的首都還能給我留下多少記憶。六點卅分我們降落在倫敦西南部的Heathrow Airport（希斯羅機場），我們進關很快，移民局的官員也非常客氣。我們第一天就去參觀了倫敦城堡和聖保羅大教堂。我們登了五百多梯，走上教堂的頂層，我在那裡拍下倫敦的市容。說來今天真巧，一九八一年七月二十九日，英國查理斯王子與戴安娜王妃在這個教堂舉行了盛況空前的結婚典禮，那天還被宣佈為一個國定假日，上百萬人湧上倫敦街頭全國一片歡慶。二十六年後的今天，戴安娜王妃已不在人世。查理斯與他的老情人卡蜜拉再婚，我們看不到一點歡樂的氣氛，如果不看電視還不知道今天的婚禮。我們再去到我出生的醫院，醫院的名字早已變了，但還有部分老建築在，我只能站在醫院大門前，想像媽媽當年在這裡誕生我的情形。我記得媽媽告訴我在英國生了小孩子後，馬上會給產婦吃冰淇淋，這在當時中國是絕對不可行的。我問了一位醫院的工作人員，他說他到這醫院工作不久，對醫院的過往不清楚，只聽說這醫院有很長歷史，當我告訴他我六十多年前在這兒出生，他感到非常驚奇。這時，兩孫和邦瓊都已十分疲倦，我們乘地鐵去「中國城」吃了晚餐就回旅館休息。

第二天是星期日，天氣晴朗，很多人在泰晤士河沿岸和公園裡享受這春日的陽光。我們早晨先去Hyde Park（海德公園）這

是我小時達達、媽媽常帶我們來玩的地方，我從以前看過的照片上還記得公園裡道路旁的鐵椅子，我和邦瓊帶著我們的孫兒女坐在椅子上休息，女兒給我們拍照、錄影。我告訴兩孫，六十多年前，祖祖帶著外公和大姑婆可能就在這椅子上坐著休息過，對他們來說這好像是神話一樣。我們又去找一個給我留下較深記憶的地方「Speaker's Corner」即演講角，這是在我七、八歲時達達帶我來過的地方，我還記得那時有好多人圍著不同圈子，聽站在人圈中的凳子上演講的人各抒己見，聽眾若同意就會拍手鼓勵，若不同意就會被喝倒彩，但人人都有發表意見的權利，哪怕你對政府的政策提出意見也不違法。這就是資本主義國家的民主政治。我們走了好久終於看見一個路標指著前方，上面寫著「Speaker's Corner」。我快步走過去，結果大失所望，只有二十來個人在聽

二〇〇五年四月英國倫敦海德公園，我、邦瓊帶著兩孫。

二〇〇五年英國倫敦大笨鐘前，我、邦瓊帶著兩孫。

我和學校校長合影。

一個中年男子講話，內容大概是反對墮胎，反對吸毒，反對吸菸。再也沒幾十年前的激烈熱鬧場面。我想大概是現在科技先進，在網路上可隨便發表意見，不用再到公園裡來高談闊論。我們還去參觀了Hampton Court Palace（漢普頓宮），這兒曾是很多有名的英國國王和皇后居住過的宮殿。這宮殿也以鬧鬼出名，據說在早晚人少時，在這上百年未住過人的房間裡，可聞到菸味和香水味，聽到奇怪的聲音，看見人影晃動，這都是傳說，信不信由你。宮殿的花園非常美，各種花樹很多。我還領著大家去看Royal Air Force Museum（皇家空軍博物館），看二戰時的英國和德國戰鬥、轟炸機，我的孫兒對飛機特別感興趣。我們又去參觀Britain at War Experience（英國戰爭體驗館），裡面以視、聽的真實感覺使人身臨其境，感受到二戰時德國空襲倫敦的恐怖場面。我告訴兩孫，但願他們這一生不要遇到戰爭。我們還去看Big Ben（大笨鐘）和英國議院，在議院街對面有許多反對英政府侵略伊拉克的反戰標語，如劊子手等，大多數英國人反對入侵伊拉克。這又是資本主義社會民主制度的體現，這樣的事對我們的兩個小孫和他們生長的資本主義國家的人民來說，再自然不過了。因為政府領導人是人民選出來的，要受人民的監督，人民有意見就可以表達。四月十二日早晨，兩孫很早就醒了，他們非常興奮，因為今天要去看外公小時讀書的學校和住過的地方。St. Albans比較遠，要先乘地鐵再轉乘火車，一路上都有熱心人告訴我們，怎麼又省錢又快速地去到目的地。坐上倫敦去St. Albans的火車，我就想以前達達每天都要乘車去倫敦，而那時德國飛機每天來轟炸，難怪媽媽那麼擔心。到了St. Albans，我們走出站後，街上行人很少。我看見一位老太太就走上前去問她，Loreto College怎麼去，

我一九四四年至一九四六年居住和上學的城市。

在英國St. Albans的故居前。

小孫女指著外公居住過的街道街牌。

她給我指了方向並說很近。謝過她，我們就很快走到了學校門口，這時已快十點半鐘，我們走到學校辦公樓，說明來意並拿出校長給我的E-mail。很快從辦公室走出一位女士，她就是校長Miss Lynch，她帶著笑容過來和我們握手，我給她一一介紹我的家人。她說非常歡迎我們來學校，我告訴她，我六十多年前在這裡讀書，現在還有不少美好的記憶。我心裡想，六十多年前發生的事，對她來講是多麼遙遠，她畢竟還年輕，我真是一個老學生。她請我們稍等一下，在那坐坐，等會兒有人來帶我們去參觀學校。我看了牆壁上貼的學校歷史，裡面提到二戰時期因德機轟炸從倫敦等大城市疏散來了很多男女學生。我們三姐弟妹也是那時來這兒上學的。一會來了兩位女學生，校長出來給我們介紹，她們一位是十一年級，一位是十二年級

的。校長給她倆交代要陪我去老的校區多看看，讓我回憶我知道的地方，還看我能否找到我以前教室。我們學校的老建築全部未變，我首先找到學校的教堂，這是一所天主教學校，同學和老師大多是天主教徒。

她們每天都要在這祈禱，我們不信教的就只在門口看看，沒有進去過，今天兩位學生請我們進去參觀。我記得那時吃午餐的地方離教堂不遠，每天要從教堂經過。我看見一個走廊，就說很像我們以前用餐的地方。以前走廊中間放著長條桌，兩邊是椅子。兩位陪同的學生說廚房離這不遠，看來我找對地方了。我回憶起那時同學們對坐在長條桌兩旁，一位叫Sister Mary的修女端著盛滿馬鈴薯的大盤子，如果我們還要添一點，當她從我們身後走過時就會對她說：「More please.（請再來一點）」，她就會在我們的盤子裡再添一些馬鈴薯，這時又好像把我帶回到了六十多年前的場景。我一抬頭看見兩位學生已往前走了，才趕緊跟上去。最難找的是我的教室，我只記得，坐在教室裡可看見窗外是一片草坪，是學生們戶外活動的地方。現在這棟舊樓的教室已改為課外活動室，我們一間間活動室都進去看，我正想放棄不再找了，這時走到一間很大的教室，現在是藝術室，我一看這教室的窗外果然有一個大的草坪，和我記憶中的教室很像，我拿了一把椅子坐下來，就把它當做我以前的教室吧。參觀結束，我們又被請到校長辦公室去，我送了一個雙面繡的熊貓工藝品，並說我的故鄉是熊貓的家鄉。在我們辭別時，問了去我以前住的地方怎麼走，她們把我們帶到圖書館查地圖，碰巧管圖書館的老師在那附近住，就給我們畫了一張路線圖。我們乘巴士很快就到了Oak Wood Drive（橡樹街）。當看見這熟悉的街牌，我立即就說：「走街

對面」，我直接就走到32號——我們的故居門口。這條街的一切都和我記憶裡的完全一樣，連房子的磚牆顏色都未變。我們去敲我故居的門，很遺憾無人在家。下午兩點正是上班上學的時間，我們在房前留影。女兒很希望我能找到一個老街坊，但看見一些老人一問，在這條街住得最久的也只有二十多年，要找六十多年前在這兒住的人，可能已沒有了。我們碰見一位老先生，他住在後面一條街，他和我同年，從小到現在沒離開過這裡。我和他談得很投契，他說現在這兒和六十多年前最大的不同是現在汽車太多，一到下班時路邊就停滿了車，這些老房子都沒有車房。他說他記得一九四幾年時，我們這條街只有一輛私家車，他還問是不是我們的，我說那時我家也沒汽車。我在街上漫步又墜入了往事的回憶中，彷彿看見媽媽那熟悉的身影站在家門口等待達達回家，達達扶著我教我學騎自行車的情景，黃大哥臉上帶著笑容坐在汽車裡，向我和阿姐招手叫我們快上車了。這所有的一切都再也不會復返，但卻永遠的留在我的記憶之中。「外公！外公！」兩個小孩的叫聲，將我從回憶裡帶出來，我們該走了。回到倫敦，我們又乘地鐵到牛津街Oxford Street（牛津街）的一家叫Selfridges的大商店去，並不為去買東西，而是來看看媽媽以前常來購物的地方。由於時間安排不過來，本來還想去Moor Park看看我們曾經同何伯伯、何伯母一起生活過的地方，去牛津看看熊乾爹、熊乾媽以前住的房子還在不在，結果都未去成。我還想和何伯伯的兒女聯繫，但沒有地址，只好作罷。我也曾想到中國駐英國大使館去看看國父孫中山先生的紀念室，但一想到中國官方就打消了這個念頭。我們的英國之旅到此結束，這兒給我們留下了很好的印象，人們友好禮貌，街道清潔，交通方便，只是物價很高。

瑞典之行

一九九一年四月，二姐和馬二哥在我們香港家裡。

　　二〇〇五年四月十三日瑞典時間四點五十五分，我們飛抵斯德哥爾摩（Stockholm）。紹祖的大女兒已在機場等候我們。我們到了紹祖家，老朋友重聚，格外親熱。滿妹準備了豐盛的川菜，讓我們一飽口福。她還放下一天工作，特地陪我們全家去遊覽斯德哥爾摩市容。我們這次來瑞典的主要目的是來給二姐寧祖掃墓。自從她去世後，我們從未去看過她。四月十五日早上，紹祖的女兒開車來接我們，我們先去馬二哥家看他。我們是一九九一年四月十四日，馬二哥到香港中文大學做研究工作時，他和二姐一起到我們在沙田的家來時見到面的。那也是我們和二姐的最後一次歡聚，距今已整整十四年了。馬二哥八十一歲了，但精神非常好，他不停地用中文給我們講他最近到中國山西省呂梁山去的經歷。我說，時間過的真快，我和他第一次見面時我才十一歲，

現在我已六十七歲。他說，又能見到我們，非常高興。馬二哥送了我們他最近寫的書《另一種鄉愁》和《俳句一百首》，並簽上名以作留念。我們給馬二哥帶了一瓶中國茅臺酒，因他喜歡喝這種酒。我們坐了一會就告訴馬二哥，我們要去看二姐，馬二哥說，我陪你們去。二姐的安息之處非常幽靜，我們將鮮花獻給二姐，並按照我們中國的傳統給二姐磕了三個頭。我對二姐說：「二姐，我們來

二〇〇五年四月，馬二哥陪我們去給二姐掃墓。

看您了，謝謝您，您安息吧」。馬二哥在一旁輕聲說，她知道，她會知道的。我第一次見到二姐寧祖，是一九四六年在成都她的家「可莊」。那時我們全家剛從英國回去，我只有八歲。我和姐姐、妹妹都稱她二姐，因她是家裡姐弟妹中的老二。那時大概因為我和姐姐、妹妹剛從英國回去，說不好中文，久倫更是一句中文也說不來，二姐就喜歡逗我們玩。實際上我們和二姐相處的時間很短。因我和二姐的妹妹紹祖是小學同班，家庭又是世交，所以才知道一九五〇年二姐去香港和馬二哥結婚到瑞典去了。過不幾年，我在成都見到一次二姐和馬二哥，那時馬二哥在瑞典駐華使館做文化參贊。我們也只說了幾句話，就這樣幾十年過去了。由於種種政治運動，我們和陳行可伯伯一家也很少往來。我也漸漸把馬二哥和二姐給忘了，好像我們是屬於兩個不同世界的人。

直到一九七九年四月的那一天，在成都市勞動人民文化宮門前的巧遇，二姐和馬二哥又回到了我的生活裡，並且一步步讓我從絕望中看到了希望，改變了我們全家的命運。二姐為我們全家的重聚做了那麼多，但她自己從未感到是我們的恩人，她那善良、富於同情心、善解人意的性格，使她在為別人辛勤做事的時侯，認為是應該做的、很自然的事。當她看到別人在她的無私幫助之下得到幸福時，她感到更幸福。我不知能用什麼語言來形容二姐這偉大的情操。二姐那帶著微笑、和藹可親、充滿希望的形影，將永遠留在我們心裡。

結束語

三代人一起的最後一張合影。

　　不想回憶，未敢忘記。當我把這些故事講給我的孫輩聽時，他們睜大了天真的眼睛，問我這是為什麼？當我把它們講給一些外國朋友聽時，他們就說：「That is ridiculous.（荒謬）」。然而，這些都是我和千千萬萬的中國遺民親身經歷過的事實。這是一個充滿悲歡離合的故事，故事裡的主角只是千千萬萬遺民中的幸運者。為了今後不要再讓迫害無辜遺民的悲劇重演，為了告慰我父母的在天之靈，為了不忘記在我們家庭最困難時雪中送炭的朋友和親人，為了感激熱情幫助我們家庭得以大團聚的所有友人，我講出了自己的故事。希望人們通過這真實的故事瞭解、記

住，在中國大陸上個世紀政權更迭後，遺民的悲慘遭遇。如今，在中國大陸人們的生活有了改善，老一輩遺民已經走了，我們這一代也已步入老年。回到家鄉，和老朋友一起坐下來打打麻將時，也只會談談吃喝玩樂，大家在經歷了那麼多苦難後是應該安度晚年了。但天下無不散的宴席，為了我們的子孫後代不再有我們的遭遇，特敬告統治者一定要善待遺民。更願所有炎黃子孫攜起手來通過和平努力，讓中國成為一個真正民主、自由，熱愛和平的統一國度。願世人都有一顆以愛是恩慈、愛是奉獻、愛是犧牲、愛無己見、凡事包容的心讓世界變成一個真正愛無止息、宇宙涵融、人人自由、人人平等的大同世界。這也許只是一個永遠都實現不了的美好理想，但有了一個美好的理想，人類才有奮鬥的方向和生存下去的勇氣。

血歷史38　PC0276

新銳文創
INDEPENDENT & UNIQUE

遺民
——文革烙印了我的階級

作　　者	趙久安
主　　編	蔡登山
責任編輯	陳彥廷
圖文排版	賴英珍、陳姿廷
封面設計	王嵩賀

出版策劃	新銳文創
發 行 人	宋政坤
法律顧問	毛國樑　律師
製作發行	秀威資訊科技股份有限公司
	114 台北市內湖區瑞光路76巷65號1樓
	電話：+886-2-2796-3638　傳真：+886-2-2796-1377
	服務信箱：service@showwe.com.tw
	http://www.showwe.com.tw
郵政劃撥	19563868　戶名：秀威資訊科技股份有限公司
展售門市	國家書店【松江門市】
	104 台北市中山區松江路209號1樓
	電話：+886-2-2518-0207　傳真：+886-2-2518-0778
網路訂購	秀威網路書店：http://www.bodbooks.com.tw
	國家網路書店：http://www.govbooks.com.tw

出版日期	2012年12月　初版
定　　價	280元

國家圖書館出版品預行編目

遺民：文革烙印了我的階級 / 趙久安著. -- 初版. -- 臺北
市：新銳文創, 2012.12
　　面；　公分. -- （血歷史；PC0276）
ISBN　978-986-5915-31-5（平裝）

1.趙久安　2.回憶錄　3.文化大革命

628.75　　　　　　　　　　　　101020957

讀 者 回 函 卡

感謝您購買本書,為提升服務品質,請填妥以下資料,將讀者回函卡直接寄回或傳真本公司,收到您的寶貴意見後,我們會收藏記錄及檢討,謝謝!
如您需要了解本公司最新出版書目、購書優惠或企劃活動,歡迎您上網查詢或下載相關資料:http:// www.showwe.com.tw

您購買的書名:_____

出生日期:_____年_____月_____日

學歷:□高中 (含) 以下　□大專　□研究所 (含) 以上

職業:□製造業 □金融業 □資訊業 □軍警 □傳播業 □自由業
　　　□服務業 □公務員 □教職　□學生 □家管　□其它____

購書地點:□網路書店 □實體書店 □書展 □郵購 □贈閱 □其他

您從何得知本書的消息?

　□網路書店 □實體書店 □網路搜尋 □電子報 □書訊 □雜誌
　□傳播媒體 □親友推薦 □網站推薦 □部落格 □其他_____

您對本書的評價:(請填代號　1.非常滿意　2.滿意　3.尚可　4.再改進)

　封面設計____　版面編排____　內容____　文／譯筆____　價格____

讀完書後您覺得:

□很有收穫 □有收穫 □收穫不多 □沒收穫

對我們的建議:_____

_____

_____

_____

11466
台北市內湖區瑞光路 76 巷 65 號 1 樓

秀威資訊科技股份有限公司　　　收

BOD 數位出版事業部

....

（請沿線對折寄回，謝謝！）

姓　　名：_____　年齡：_____　性別：□女　□男

郵遞區號：□□□□□

地　　址：_____

聯絡電話：(日) _____　(夜) _____

E-mail：_____